# 以信稱義

알리스터 맥그래스의
# 이신칭의

JUSTIFICATION BY FAITH
by Alister E. McGrath

Copyright ⓒ 1988 by Alister E. McGrath
Originally published in English under the title *Justification by Faith*
By Zondervan, Grand Rapids, MI, USA.

This Korean edition is translated and used by permission of Alister E. McGrath through rMaeng2, Seoul, Republic of Korea.

This Korean Edition Copyright ⓒ 1996, 2015, 2021 by Word of Life Press, Seoul, Republic of Korea.

이 한국어판의 저작권은 알맹2를 통하여 Alister E. McGrath와 독점 계약한 생명의말씀사에 있습니다. 신저작권법에 의하여 한국 내에서 보호받는 저작물이므로 무단 전재와 무단 복제를 금합니다.

# 알리스터 맥그래스의
# 이신칭의

ⓒ 생명의말씀사 1996, 2015

1996년 11월 20일   1판  1쇄 발행
2015년 10월 23일   2판  1쇄 발행
2024년  4월 22일         4쇄 발행

펴낸이 | 김창영
펴낸곳 | 생명의말씀사

등록 | 1962. 1. 10. No.300-1962-1
주소 | 서울시 종로구 경희궁1길 6 (03176)
전화 | 02)738-6555(본사) · 02)3159-7979(영업)
팩스 | 02)739-3824(본사) · 080-022-8585(영업)

기획편집 | 신현정
디자인 | 김혜진
인쇄 | 주손디앤피
제본 | 주손디앤피

ISBN 978-89-04-02078-2 (03230)

저작권자의 허락없이 이 책의 일부 또는 전체를
무단 복제, 전재, 발췌하면 저작권법에 의해 처벌을 받습니다.

# 以信稱義

알리스터 맥그래스의

## 이신칭의

믿음으로
의롭다 함을
받는다

## 서 문

16세기 종교 개혁자들에게 이신칭의(以信稱義, 오직 믿음으로 의롭다 함을 받는다) 교리는 기독교 신앙의 중심이자 개혁과 갱신 운동의 기반이었다. 이 교리는 개혁자들이 소개한 혁신적인 교리가 아니었다. 그보다는 혁신하지 않으면 안 된다는 요청이었다. 은혜의 복음을 붙들고 선포하라는 요청, 세상을 향한 선교라는, 성경에 입각한 기초로 교회를 회복시켜야 한다는 요청이었다. 나는 이 입문서를 통해 새로운 세대의 독자들이 바울과 루터 같은 인물들을 들뜨게 만든 바로 그 사상을 가지고 씨름하면서, 하나님이 예수 그리스도의 죽음과 부활을 통해서 우리를 위해 행하신 일에 관한 놀랍고 감격적인 진리를 꼭 붙들고 나아가 선포할 수 있기를 바란다.

다른 입문서와 마찬가지로, 이 책 역시 철저하고 세밀한 연구서는 아니다. 독자들이 이신칭의 교리를 연구할 때 어쩔 수 없이 부딪히는 복잡한 성경적, 역사적, 신학적 질문들에 마주 서게 할 뿐이다. 이 작은 책은 이신칭의를 다룬 굵직한 연구서들이 보여주는 진지한 연구를 대체하려는 의도로 쓰인 것이 아님을 분명히 알게 될 것이다. 그럼에도 이 책이 이 주제와 관련된 여러 연구 주제와 문제에 서론 역할을 하여 이후에 이루어지는 연구들이 훨씬 쉬워지고 성과가 있기를 바란다.

이 책은 크게 두 부분으로 나뉜다. 1부는 이 교리의 성경적, 역사적 배경을 다룬다. 2부는 이 교리의 현대적 적합성, 특히 이 교리가 시대적으로 낡아서 현대에 부적합하다는 주장을 다룬다. 이 책을 통해 독자들 나름대로 자극을 받아 자신만의 사고와 사역 속에서 이런 개념들을 발전시키길 바란다. 부록에서는 조직신학 전체에서 이 교리가 차지하는 위치를 평가하면서, 이 교리의 신학적인 의미와 관련된 어려운 질문들을 정리해 보았다.

마지막으로, 내가 이 책을 집필하게 된 이유를 설명하고자 한다. 1980년 무렵에 나는 이신칭의 교리사를 공부하기 시작했다.[1] 이 공부를 시작하면서 이신칭의 교리의 개념이 얼마나 중요한지, 이 교리가 교회와 신자들의 삶에 얼마나 필수적인지 깨달았다. 그래서 이 교리를 낡은 유물로 취급하는 시대에서 틈나는 대로 이 개념을 설명하고 변호해야겠다고 마음먹게 되었다.[2] 이 책은 바로 이런 작업의 결과다. 따라서 이 책에서 드러나는 결점은, 이 주제가 지닌 결점이라기보다는 저자로서 내 약점을 반영하는 것이다. 하나님이 예수 그리스도 안에서 우리를 위해 무슨 일을 행하셨는지, 그리고 그 일이 그분과 우리의 새로운 관계에서 어떻게 실현되는지보다 중요한 주제는 없다.

알리스터 맥그래스

---

1　*Iustitia Dei: A History of the Christian Doctrine of Justification*, 2 vols.(Cambridge: Cambridge University Press, 1986), 『하나님의 칭의론』, 기독교문서선교회.

2　애초에 본서는 Gerhard Müller의 뛰어난 대학 교과서인 *Die Rechfertigungslehre: Geschichte und Probleme*(Gütersloh: Mohn, 1977)를 교본으로 삼았으나, 곧 수정이 필요하다는 점이 분명해졌다.

서문 4
서론 8

# 1

# 이신칭의 교리의
# 성경적·역사적 배경

## 1장 • 성경적 배경   26

"의"의 의미 / 구약의 이신칭의 / 신약의 이신칭의 / 이신칭의와 율법 / 이신칭의 vs 이행칭의? / 결론

## 2장 • 아우구스티누스와 펠라기우스의 논쟁   42

자유 의지에 대한 이해 / 죄에 대한 이해 / 은혜에 대한 이해 / 칭의의 근거에 대한 이해

## 3장 • 종교 개혁   63

칭의에 대한 관점 / 루터의 칭의관 / 그리스도로 인하여 믿음을 통한 칭의 / 칭의 교리의 발전 / 칭의와 성화

## 4장 • 개신교와 가톨릭의 차이   88

칭의란 무엇을 말하는가? / 이신칭의란 무엇을 말하는가? / 의롭다 하심의 본질은 무엇인가? / 한 개인이 칭의를 얻을 수 있다는 말이 가능한가?

# 2
# 이신칭의 교리의
# 현대적 의의

## 5장 • 실존적인 측면　106
실존주의의 기초 / 인간 실존에 대한 실존주의의 분석 / 실존과 복음 / 복음과 본래적 실존 / 복음과 실존의 접점

## 6장 • 인격적인 측면　134
인격주의의 기초 / 인격이신 하나님 / 개인적인 관계 / 보편구원론과 인격주의 / 원죄와 인격주의 / 복음과 인격주의의 접점

## 7장 • 윤리적인 측면　162
신학과 윤리 / 도덕적 행위자의 상황 변화 / 윤리와 원죄 / 실용주의 윤리

## 8장 • 결론　183
이신칭의와 경험 / 이신칭의의 역설 / 이신칭의와 인격적인 겸손 / 이신칭의와 세속적 가치관 / 이신칭의와 기독교의 미래

## 부록 • 이신칭의 교리의 중요성　198

참고문헌　234
색인　236

# 서론
JUSTIFICATION BY FAITH

현대 신학자들은 이신칭의 교리를 신학의 공룡 화석 정도로 여기는 경향이 있다. 종교 개혁 당시에는 매우 중요했으나, 지금은 뜨거운 신학적 쟁점의 대열에서 빠져버린 것으로 말이다. 그들은 이 교리가 화석(化石)으로만 명맥을 유지하고 있다고 여긴다. 이신칭의가 16세기에는 열띤 논쟁을 불러일으켰을지 몰라도 오늘날에는 전혀 맞지 않는다고 보는 것이다. 이런 부정적인 견해를 취한 현대 신학자 중 한 사람이 폴 틸리히다.

개신교는 이신칭의 교리를 놓고 벌인 한판 싸움에서 태어난 것이다. 그러나 현대인에게는 이 교리가 낯설다. 심지어 교회 내 개신교인에게도 그렇다. 나 자신도 거듭 확인했지만, 솔직히 이 교리는 현대인에게 너무 맞지 않아서 납득시키는 것이 불가능해 보일 정도다.[1]

틸리히 말은 정말 옳은가? 오히려 틸리히는 이신칭의 교리가 진정으로 의미하는 바를 제대로 설명하지 못한 신학자들의 책임을 웅변

---

1    Paul Tillich, "The Protestant Message and the Man of Today," in *The Protestant Era*(Chicago: University of Chicago Press, 1948), 196-98. 『프로테스탄트 시대』, 대한기독교서회.

하고 있는 것 아닌가? 오늘날 "칭의"라는 말이 우리와 하나님의 관계보다는 그저 한낱 단어가 되어버린 것은 분명한 사실이다.

그렇지만 많은 현대인에게 "칭의"가 신학적 개념으로 낯설게 느껴진다고 해서 이신칭의 교리가 담고 있는 진리와 통찰이 무용지물이거나 이해할 수 없는 것이라고 말할 수는 없다. 독자와 회중이 알아들을 수 있도록 이신칭의 교리의 중요성을 전달하는 것이 이 교리의 의미를 아는 신학자들의 책임 아니던가! C. S. 루이스는 이 점을 지혜롭게 표현하였다.

> 우리는 수용자의 언어를 배워야 한다. 단도직입적으로 말하자면, "보통 사람"이 이해하거나 이해하지 못하는 것을 선험적으로 단언하는 것은 아무 소용이 없는 일이다. 우리는 경험으로 찾아내야 한다. …… 우리의 모든 신학을 철저하게 시장에서 쓰는 말로 바꿔야 한다. 이 일은 정말 어렵다. …… 그러나 꼭 필요한 일이다. 그리고 이렇게 하는 것이 우리 사고에도 크게 기여할 수 있다. 우리의 사고를 일상 언어로 바꾸지 못한다면, 사고는 혼란에 빠진다. 전달하는 능력은 우리가 진정으로 그 의미를 파악하고 있는지를 판단하는 시험대다.[2]

이신칭의 교리를 제대로 "이해할 수 없게 된" 것은, 우리가 그렇게

---

2　C. S. Lewis, *God in the Dock*(Grand Rapids:Eerdmans, 1970), 96. 『피고석의 하나님』, 홍성사.

만들었기 때문이다. 인간들이 처한 상황과 관련된 힘과 적합성을 우리가 설명하지 못했기 때문이다. 우리가 실패한 것이지 그 교리가 실패한 것이 아니다.

이 책은 신앙의 중심이지만 무시되고 있는 교리를 소개하기 위한 목적으로 쓰였다. 독자는 이 교리가 성경적으로 어떤 배경을 가지고 있는지, 교회 역사 속에서 어떻게 이해되어왔는지, 이 교리를 둘러싼 종교 개혁 논쟁에서 어떤 위치를 차지했는지 등 이 교리에 대해 알아야 할 것이 많이 있다. 그렇지만 무엇보다 이 교리가 지닌 깊은 의미를 이른바 "완성된" 언어로 바꾸어야 한다는 사실에 눈떠야 한다.

이신칭의 교리가 무게를 잃은 이유는 설교자들이 이 교리를 회중이 처한 구체적인 상황에 맞게 풀어내지 못하고, 일반적인 언어나 지난 시대의 언어로 논하는 경향이 있기 때문이다. 이 교리의 전성기는 종교 개혁이 한창 진행 중이던 16세기였다. 그렇기 때문에 설교자들은 너나 할 것 없이, 그리고 아주 빈번하게 16세기에서 유래한 언어로 칭의라는 위대한 주제를 선포한다. 또한 이렇게 하는 것이 이 교리에 접근하는 유일한 길이고, 오직 이런 형식으로만 이 교리를 가르치고 선포해야 한다고 여긴다!

그러나 기독교 사상사에서 볼 수 있듯, 각 세대마다 신학자들은 이신칭의를 그들 시대에 나름대로 적용하려고 끊임없이 노력해 왔다. 그들은 자신들의 해석이 수세기 전과 다르며, 수세기 후에도 그럴 것이라고 인식했다. 그리고 이 위대한 주제를 회중이 알아들을 수 있는 언어로 선포하는 것이 그들의 책무임을 알았다. 그러나 우리는 칭의라는 주제가 1세기부터 19세기까지 같은 방식으로 선포되었다고 단정한 나머지, 오늘날 그 주제를 전달하는 데 실패하고 만 것이다.

그렇지만 현대를 제외하고 각 시대의 설교자들은 이 주제를 자신들의 구체적인 정황에 적용해야 할 필요를 절감했다. 아우구스티누스를 보자. 그는 이신칭의를 신플라톤적(neo-Platonist)인 용어로 선포했다. 캔터베리의 안셀무스는 중세적인 언어로, 토마스 아퀴나스는 아리스토텔레스적인 용어로, 또 칼빈은 법적인 용어로 선포했다. 한마디로 그들은 이 교리를 자기 시대의 경험과 소망, 두려움이 흠뻑 배어 있는 용어로 선포한 것이다.

"이신칭의"라는 주제는 실존으로 향하는 길에 놓인 방해물들을 치워버림으로 인간 실존이 얻는 성취다. 죄책에 사로잡혀 거룩하고 의로우신 하나님께 가까이 갈 수 없음을 아는 사람들에게 이러한 용서의 말씀이 선포되었다. "예수 그리스도의 죽으심과 죽은 자 가운데서 살아나심을 믿는 믿음을 통해 네 죄가 사해졌다. 자, 용서받은 죄인이여, 일어나 네 하나님과 교제하는 삶으로 들어가라!" 죽음의 공포에 짓눌린 자들에게 생명의 말씀이 찾아왔다. "그리스도를 죽은 자 가운데서 살리신 이가 너에게 같은 일을 행하실 것이니, 예수 그리스도를 통하여 우리 것이 된, 죽음을 이긴 승리를 경축하라!"

짧게 말해서, 이 교리를 선포받는 사람들이 처한 정황에 맞게 칭의 주제를 구체화해야 한다는 것이다. 이렇게 한다고 해서 복음의 "동질성"이 손상되는 것은 아니다. 이때에도 우리는 놀랄 만한 복음의 충만한 근원에 의존하고 있는 것이다.

문제는 우리가 이 충만한 근원을 충분히 의존하고 있지 않다는 것이다. 잃어버린 지위를 되찾기 위해서라면, 칭의 교리는 4세기나 11세기, 16세기 모습으로 보존되어야 하는 화석이나 박물관 소장품이 아니라 원래 내용 그대로 다루어져야 한다. 이 교리가 화석화의 감옥에서 벗어나 우리 시대의 기대와 소망, 두려움에 전력을 다해 맞서게 해야 한다.

교회는 16세기에 통용된 신학적 표현 형식에 얽매여 있어서는 안 된다! 신학은 예수 그리스도의 죽음과 부활에서 절정을 이룬 구속 역사를 시대적 상황에 적용하는 작업이다. 아우구스티누스, 루터와 칼빈이 각자 자신의 시대에 시도한 작업이 바로 이런 적용이다. 이제는 우리 차례다. 우리는 증거의 두 지평 가운데 한쪽은 성경에 기록된 하나님의 구속 사역에, 다른 한쪽은 우리의 구체적인 정황에 연결시켜야 한다.

현대인들이 인간의 운명을 주로 "목적"과 "실존", "의미"와 같은 개념으로 생각한다면, 복음 역시 이런 용어로 구체화해야 한다. 이렇게 할 때, 이 주제들을 직접 다루고 비로소 변형시킬 수 있다. 이렇게 하는 것은 결코 현대인의 선입견에 맥없이 굴복하는 것이 아니다. 오히려 복음이 사람들을 사로잡아 변화시키려면, 어느 시대에서든 사람들에게 다가가 전달되어야 함을 절감하게 해줄 뿐이다. 이렇게 해서 기독교적인 통찰력을 확실하게 세울 수 있는 방편을 강구하는 것이지, 동시대의 현안에 휩쓸리는 것은 아니다.

이신칭의라는 주제에 녹아 있는 중요한 진리를 전달하려 한다면,

16세기 사고방식으로는 현대를 사는 사람들과 논쟁을 벌일 수 없다! 복음은 사람들이 서 있는 바로 그곳에서 그들을 만난다. 그들을 그곳에서 옮기기 위해서다. 그렇기 때문에 우리는 사람들에게 어디서 시작해야 한다고 고집 부릴 수 없다. 우리는 그들이 이미 서 있는 곳에서 만나야 한다. 이것이 이신칭의 교리가 다시 호소력을 갖고 원래 자리를 되찾기 위한 기본 조건이다.

이신칭의 교리의 역동성과 적합성을 회복하는 데 신학자들이 가져다 놓은 걸림돌은 데카르트주의(Cartesianism)와 플라톤적 관념론(Platonic idealism)의 혼합물에서 기인한다. 이것은 모든 시대 모든 사람에게 유효한 보편적이고 추상적인 진리가 있다고 말한다. 어떤 신학자들에게는 이신칭의 교리가 이러한 보편적이고 추상적인 진리의 대명사라는 것이다. 그런데 정말 그러한가?

구약과 신약의 중심 주제는 세상 안에 그리고 하나님과 세상 사이에 어떤 방해물이 놓였든 하나님이 그것들을 파괴하셔서 잃었던 세상을 자기 자신에게로, 그리고 본래 모습대로 회복시키길 원하시고 작정하셨다는 것, 그리고 그분이 예수 그리스도 안에서 이 일을 실현하셨다는 것이다. 이신칭의 교리가 이러한 중심 주제를 가리키는 것이 보편적이고 추상적인 진리는 아니지 않은가? 우리가 지금 이야기하고 있는 것은, 인간의 곤경이 어느 시기에 어떤 역사적 형태로 나타나든 잃었던 세상을 예수 그리스도를 통하여 그 곤경에서 회복시키려는 하나님의 작정에 대한 중재와 선언이다.

인간 역사의 어느 시기에는 상실이 뜻하는 것이 낯선 땅에 버려져

근근이 살아가는 노예 생활일 수 있다. 이 경우, 이신칭의라는 주제는 애굽에서 해방시키신 하나님의 은혜를 말한다. 역사의 다른 시기에 경험하는 상실은 도덕적으로 불완전함을 깨닫고 느끼는 깊은 죄책감일 수도 있다. 이때 이신칭의는 그리스도의 십자가를 통한 참되고 고귀한 용서, 곧 모든 사람이 자기 죄상을 낱낱이 직면해야 하지만 매우 공정하게 용서하시는 하나님의 은혜를 가리킨다.

또 다른 시기에 겪는 상실은 의미 있고 목적이 뚜렷한 실존을 향해 몸부림치는 갈망의 모습을 띨 수도 있다. 그런 우리는 진정한 실존 양식이 어떻게 우리에게 주어지는지를 보여줌으로써 복음을 **구체화**해야 함을 다시 한 번 절감하게 된다. 훌륭한 설교자를 본받아 신학자도 회중의 소망과 두려움을 이해해야 한다. 사람들의 경험에 복음을 뿌리박아 그것을 변화시키려면 말이다.

다음은 **교리**와 **경험**의 긴밀한 관계에 관한 것이다.[3] 교리는 추상적이고 개념적인 진리가 아니라 본질적으로 경험과 관련이 있다. 다르게 말하자면 교리란 오해, 즉 경험을 통해 쉽게 잃어버릴 수 있는 것을 보존하려는 시도인 것이다.

아우구스티누스로 돌아가서 유명한 비유를 빌려 말하자면, 교리는 밭을 지켜주는 울타리다. 여기서 밭은 예수 그리스도를 통해서 살아계신 하나님과 그리스도인 사이에 이루어지는 풍성한 구속적 만남이다. 그리고 교리는 이 경험이 말로 표현되고 옮겨져 한 세대에서 다

---

[3] 기독론과 관련지어 이 문제를 살펴본 책으로는 Alister E. McGrath, *Understanding Jesus: Who Jesus Christ Is and Why He Matters* (Grand Rapids: Zondervan, 1987), 29-36을 보라.

음 세대로 전해지도록 하는 시도인 것이다. 그러나 한 세대에서 다음 세대로 전해지는 것은 교리나 공식, 규격화한 말이 아니라, 그것들 뒤에 자리 잡은 생생한 현실과 경험이다.

이신칭의 교리는 구속을 바탕으로 살아 계신 하나님을 만나는 경험과 관련된다. 그리고 이 경험이 실제로 일어날 수 있고, 일어나고 있으며, 또 어떻게 일어나는지를 설명하려는 시도다. 이것을 경험하고자 한다면 이런 설명이 반드시 필요하다. 우리 가운데 누구도 하나님을 경험한 일을 말로 나타내는 것 이상으로 정확하게 묘사할 수 없다. 그나마도 경험의 실제를 대변하고, 그것이 어떻게 실현될 수 있을지를 묘사할 뿐이다.

T. S. 엘리엇의 유명한 말이 있다. "경험했지만 의미를 잃었다. 의미를 파고들었더니 경험이 되살아났다." 바꿔 말하자면 우리에게는 하나님과 만나는 경험도 있어야 하지만, 이 만남과 경험이 자녀들에게 전승되기 위해서는 지적인 틀이 필요하다는 것이다. 우리는 그 틀 안에서 살아 계신 하나님을 경험하며, 구속하고 해방하시는 하나님을 만난다. 이신칭의 교리는 바로 이 틀을 세워준다. 그러나 설교자가 주로 염두에 두는 것은 이 틀이 아니라 그 경험과 만남이다!

이신칭의 교리를 단지 모호한 형식 논리로 오해할 수 있다. 이 교리가 다른 누구도 아닌 살아 계신 하나님을 만나는 경험을 전달하고 보존하는 데도 말이다. 이것은 그 경험과 만남을 표현하고 보존해 줄 뿐, 그 자체는 아니다. 이신칭의 교리는 하나님에 관한 진리가 아니라, 하나님을 만날 가능성을 말한다. 그러므로 설교자는 어떻게 이 경험을 할 수 있는지, 어떻게 이 경험이 회중의 삶에 자리 잡을 수 있는지를 설명해야 한다.

오늘날에는 **상황화**(contextualization)라는 일반적 원리가 문제되고 있다. 쉽게 말하면 오늘날 회중이 부딪히는 특정 상황에서 복음 선포가 어떤 의미를 갖는지 살피는 데 어려움을 겪고 있는 것이다. 복음은 모든 인간 문화와 모든 상황, 심지어는 앞으로 다가올 세계가 맞부딪칠 상황에서도 얼마든지 적용될 수 있다. 복음이 오늘날 우리에게 말하지 않는다면, 그것은 복음이 실패해서가 아니라 우리가 실패해서다.

신약성경은 이신칭의라는 주제를 전달하는 강렬하고 선명한 동시대적 이미지와 비유를 가지고 있을 뿐 아니라, 우리 시대에도 같은 일을 부담시킨다. 바울은 "여러 사람에게 여러 모습이 된 것은 아무쪼록 몇 사람이라도 구원하기"(고린도전서 9장 19-23절 참조) 위해서라고 했다. 이것은 각 역사적 상황이라는 구체적이고 독특한 문화 맥락 가운데 복음의 권능이 맹위를 떨치게 하기 위해서였다. 문화적인 문제는 복음의 절대적인 주장 앞에서 상대화할 수 있지만, 이러한 복음의 주장 역시 구체적인 삶의 상황과 맥락 안에서 설득하고 그 상황과 맥락을 설명해야 한다.

그렇다면 어떻게 이 일을 할 수 있는가? 2부에서는 현대 서구 사상과 이신칭의 교리가 현대 문화에서 만나게 되는 몇 가지 접점을 살펴볼 것이다. 이 과정에 대한 일반 원리는 데이비드 생크가 체계적으로 잘 정리해 놓았다. 그는 칭의가 갖는 여러 차원 가운데 일부를 다음과 같이 표로 만들었다. 이것은 매우 다양한 필요와 문화 주제와

연결된다.[4]

표 1.

| 맥락적 상황 | 이전 | 예수님을 통한 새로운 경험 | 이후 |
|---|---|---|---|
| 용납 | 거부 | 사랑 | 용납 |
| 방향성 | 길 잃음 | 부르심 | 길을 찾음 |
| 잔치 | 권태 | 잔치의 주인 | 기쁨 |
| 의미 | 부조리 | 말씀 | 합리 |
| 해방 | 압제 | 해방 | 해방 |
| 변화 | 무명(nobody) | 초대 | 유명(somebody) |
| 교제 | 고독 | 임재 | 공동체 |

여기서 이신칭의라는 주제는 여러 가지 구체적인 형식으로 설명되는데, 그 하나하나는 주어진 문화적 상황에 뿌리내릴 수 있다. 예를 들어, 우리는 받아들여질 만한 사람이 아니었다. 그러나 하나님은 예수 그리스도를 통해서 우리를 있는 그대로, 있는 그 자리에서 받아들이셨다. 우리는 의미를 찾지 못했다. 그러나 예수 그리스도를 통해서 하나님의 값없는 선물로 의미를 부여받았다. 여기서 끝이 아니다. 이 교리를 회중의 상황에 뿌리내리게 하고 이 선언의 적합성을 분석하여 적용하는 것은 설교자와 선교사, 신학자의 책임이다.

---

4   도전적인 분석서로는 다음 책들을 보라. David A. Shank, "Towards an Understanding of Christian Conversion," *Mission Focus* 5 (1976):5. Harvie M. Conn, *Eternal Word and Changing Worlds: Theology, Anthropology and Mission in Trialogue* (Grand Rapids: Zondervan, 1984).

이것과 관련하여 좀 더 어려운 점이 있다. 이미 알려진 어려움이지만 매우 자주 간과되기도 하는 것으로, 바로 무엇을 의미하는지 설명하지도 않은 채 전문적인 신학 용어를 사용하는 위험이다. 그 용어를 분명하게 다시 설명하거나 풀어내려는 시도조차 하지 않은 채 사용되는 일도 매우 많다.

오늘날 이신칭의를 설교하려는 많은 노력에서 나타나는 한 가지 역설은, 바울이 신약에서 쓴 용어와 그 용어에 담긴 사상이 신선함과 직접성, 선명성을 완전히 잃었다는 것이다. 이 선명성은 반드시 다시 제공되고 새로워져야 한다. 이 문제를 정확하게 규명하고 제대로 다룰 수 있는 방법을 제시하기 위해 한 가지 예화를 소개하려고 한다.

계속 피곤을 느끼고 때로는 기운이 전혀 없다고 말하는 친구가 한 명 있었다. 그 친구는 그 나이가 되면 다 그러려니 하고 그냥 넘겼다. 그런데 어느 날, 누군가에게 그의 상태가 단단히 잘못된 것 같다는 이야기를 듣게 되었다. 그 역시 잘못된 것이 아니라면 그렇게 피곤하고 지칠 리가 없다고 생각하게 되었다.

결국 친구는 병원에 갔다. 진찰을 마친 의사는 그에게 탈이 났다고 말했다. 의사는 "신진대사"니 "칼슘 결핍증"이니 하는 어려운 말들을 늘어놓으면서 병세를 설명했다. 그는 친구의 병세를 설명해 놓은 의학 교과서를 주절거린 것이다. 내 친구는 당연히 알아듣지 못했.

결국 친구가 의사의 말을 가로막았다. "선생님, 선생님과 저는 전혀 다른 언어로 말하고 있습니다! 좀 쉬운 말로 설명해 주시면 좋겠어요. 전문 용어를 쓰지 않고 무엇이 잘못되었는지 말씀해 주시겠어요?" 그제야 의사는 친구가 겪고 있는 문제를 쉽게 설명해 주었다.

의사는 우리 몸이 평상시에 어떻게 원활하게 움직이는지, 섭취한 음식물에서 에너지를 만들어 일상 활동에 쓸 수 있도록 어떻게 변화시키는지를 말해 주었다. 이런 일이 일어나기 위해서는 특정 물질이 필요한데, 이 물질이 없기 때문에 몸이 원활하게 돌아가지 않고 피곤과 무력감이 찾아온다는 것이다. 친구의 몸에 이 물질이 충분하지 않다는 것이 문제였다. 친구는 드디어 무엇이 문제인지 이해했고, 의사는 본격적인 치료에 들어갔다.

우리 대부분도 이런 경험이 있을 것이다. 의료계에 종사하는 사람들은 그들끼리만 통하는 말로 의사소통하려고 한다. 의료계 종사자라면 다 이해하지만, 문외한이라면 극소수만 겨우 들어보기나 했을 용어들로 말이다. 이것은 고도로 전문화한 속기법 같은 것으로, 이 언어를 이미 알고 있는 사람만 어느 정도 알아들을 수 있고 문외한에게는 설명을 해주어야 한다. 그러나 우리 대부분이 알아들을 수 없다고 해서 그것이 진실이 아니라는 뜻은 아니다. 단지 쉬운 말로 바꾸어 설명해 주어야 한다는 것이다. 이때 잘 들어맞는 비유가 있으면 의미를 전달하는 데 큰 도움이 된다.

물론 의료계에서만 이런 식으로 특수 용어를 쓰는 것은 아니다. 컴퓨터나 자동차 사용 지침서를 보라. 삶의 다양한 영역에서 나름의 특수 언어를 개발시켜나가는 것을 볼 수 있다. 신학이라고 예외일 수 없다. 설교자와 교사가 쓰는 어휘에는 "죄", "은혜", "칭의"와 같은 전문 용어가 난무한다. 이 말의 뜻을 아는 사람들은 속속들이 이해하겠지만, 그렇지 않은 사람들은 의미를 짐작할 수조차 없다.

설교자와 교사는 이런 용어가 의미하는 바를 설명하고 전달하기 위해 평범한 언어를 사용하고, 그 용어들이 지닌 영향력과 적합성을 깨우쳐줄 만한 비유와 예화를 찾아야 한다. 그리고 그렇게 찾은 다음에는 그것들을 상황화해야 한다. 이때에는 그것들이 우리가 설득하려는 그 사람에게 어떤 의미를 지니는지 설명해 주어야 한다.

"이신칭의" 교리와 씨름하면서 우리는 이 시대 회중에게 익숙하지 않은 전문 용어를 다룰 것이다. 이 말은 이 교리가 부적합하다는 뜻이 아니다. 단지 새로운 세대의 필요에 맞추어 설명되고 해석되며 예증되어야 한다는 뜻이다.

의학을 예로 들어 좀 더 설명해 보자면, 우리는 이 교리의 적합성과 의미를 이렇게 예증할 수 있다. 복음은 우리 모두 의사에게 보여야 할 병이 있는 환자와 같다고 선언한다(막 2:17). 이 선언은 우리 대부분에게 새로운 소식으로 다가온다. 우리는 애당초 무엇이 잘못되었는지도 모르는 사람이었다! 병에 걸렸으나 그것을 믿으려 하지 않은 내 친구와도 같다.

복음은 이 질병의 이름이 죄라고 밝힌다. 이것은 우리가 인간으로서 지닌 잠재력을 바닥나게 만들 수도 있다. 우리는 이것을 결함이라고도 말할 수 있다. 우리의 체계에서 빠져나갔기 때문에 온전해지려면 반드시 메워야 할 무엇인 것이다. 마치 복잡한 전자 회로에 생긴 결함과 같다. 이 결함 때문에 기계 전체가 혼란에 빠진다. 컴퓨터 프로그램에 생긴 오류 때문에 정교하게 작동되던 컴퓨터가 일대 혼란에 빠지는 것과도 같은 것이다.

이 병의 증상으로는 세상에 함몰됨, 하나님에게서 소외된 느낌, 무의미, 죄책감 같은 것이 있다. 이런 증상들을 설명할 때 비로소 우리는 우리가 처한 상황을 깨닫기 시작한다. 그리고 이런 증상을 대충 땜질해 보아야 별 소용 없다는 사실을 깨닫는다. 핵심은 실병 자체를 다루는 것이다. 근본 원인을 규명하고 처치해야 한다. 의사가 처방을 내리듯 복음은 우리에게 평결을 내린다. 무엇인가 잘못되었다고 선언한다. 그리고 그 문제의 본질이 무엇인지 정확하게 밝혀낸다.

바로 이 점에서 복음은 좋은 소식으로 인식된다. 복음은 죄의 실재성뿐 아니라 그것을 다루는 하나님의 권능과 목적을 확실하게 보여 준다. 또한 인간의 본성이 죄로 말미암아 손상을 입었고 인간의 행복을 위해 없어서는 안 될 그 무엇이 부족한 상태이며, 마치 우리 몸이 바이러스에 감염되듯 적대적인 세력에 침입당하고 있다고 말한다. 복음은 이 상황을 바로잡기 위해 특정 조치를 취할 수 있다고 선언하면서도 늘 이 문제의 심각성을 외친다.

나는 젊은 시절 케임브리지 대학교에서 2년을 보냈는데 세인트존스 칼리지에서 신학을 연구했다. 그곳에서 지내면서 누린 큰 기쁨 중 하나는 근처에 있는 킹스 칼리지의 예배당을 찾아가는 것이었다. 킹스 칼리지는 웅장한 건물과 유서 깊은 합창단을 자랑하는 단과 대학이다. 그곳 예배당에서 가장 눈길을 끄는 것은 건물 중앙 한쪽 끝에 그려진 아름다운 그림이었다. 그림 제목은 "올드 마스터"(Old Master)다.

어느 날 한 과격분자가 일종의 정치적 제스처로 그 그림에 보기에도 끔찍한 짓을 저질렀다. 그림을 칼로 여기저기 그어놓은 것이다. 그런데 얼마 되지 않아 훼손된 그림에 이런 명패가 붙었다. "이 대작은 복구될 수 있을 것으로 사료됨."

복음에 따르면 인간의 본성도 마찬가지다. 만물의 영장인 인간의 본성은 죄로 심각하게 훼손되었다. 그러나 복음은 사랑 많으신 창조자께서 이 걸작을 복구하실 수 있다고 선언한다.

"이신칭의"는 한마디로 영광스러운 선언이다. 하나님이 죄를 처리하실 수 있으며, 기꺼이 그렇게 하시리라는 것이다. 우리 힘으로는 치료할 수 없는 질병(죄)을 하나님이 진단하시고 치료(칭의)하신다. 대증요법처럼 일시적으로 증상을 완화하는 데 그치는 치료법은 아무 쓸모가 없다.

예수님은 "네가 낫고자 하느냐"(요 5:6)라고 물으신다. 베데스다 연못에 누워 있던 환자처럼 우리에게는 이 치료를 받아들일 수도, 거절할 수도 있는 특권이 있다. 앞으로 살펴보겠지만 이신칭의 주제는 우리가 전체적으로 회복되고, 에덴에서 잃은 것을 겟세마네에서 되찾는 것이다.

이 좋은 소식이 가지고 있는 힘을 온전히 깨닫기 위해 아서 헤일리가 『잘 듣는 약』(Strong Medicine)이라는 책에서 묘사한 상황에 우리 자신을 대입해 보자. 젊은 여자가 병원에서 죽어간다. 담당 의사는 최선을 다하지만, 그녀가 앓는 병은 치료할 수 없는 것이다. 의사는 그 젊은 여자가 죽는 것은 시간문제임을 안다. 또한 엄청난 치료비 때문에 환자 가족이 겪을 암담한 결과도 안다. 저자는 이런 상황이 안겨

주는 절망감과 무력함을 예리하게 전개한다.

바로 그때, 약이 하나 나온다. 최근 개발된 신약(新藥)으로, 효능은 누구도 장담하지 못한다. 의료진은 불안하게 지켜보면서 그 약을 환자에게 투여한다. 그리고 갑자기 모두가 염원하였으나 누구도 장담할 수 없던 일이 일어난다. 회복의 기미가 보이기 시작하는 것이다. 느리기는 하지만 환자는 분명히 회복되고 있다.

여러 면에서 이 이야기는 이신칭의라는 복음 선포가 지닌 매우 흥분되는 면을 비추어준다. 인간의 상황이 예수 그리스도의 죽음과 부활을 통해 변화되었다. 1세기 작가인 안디옥의 이그나티우스가 선언했다시피, 복음 선포는 "죽음과 멸망을 치료하는 약"이다. 약하고 죽을 수밖에 없는 우리 본성에서 비롯된 절망과 무력함은 우리를 죽음과 썩음으로 이어지는 통로에 처박았지만, 이것들이 뒤바뀐 것이다.

우리 힘으로는 할 수 없는 일이 우리를 위해 이루어졌다. 그것도 매우 성공적으로. 마르틴 루터가 한 유명한 말이 있다. "우리는 의사가 치료하고 있는 환자와 같다. 우리는 정말 아프다. 그러나 우리의 건강은 낙관적이다." 이런 생각은 게르마누스가 지은 오래되고 유명한 성탄 찬송에서도 발견된다.

놀랍고 권세 있는 일이로다!
완전하고 거룩한 치료!

# 以信稱義

그리스도의 십자가와 부활에 나타난
하나님의 놀라운 구원 방법을
가장 탁월하게 설명해 주는 교리가 바로 "이신칭의"다.
이 교리를 제대로 이해하는 것은
그리스도인의 삶과 사역에 필수적인 일이다.

# 1

# 이신칭의 교리의
# 성경적·역사적 배경

# 1장

# 성경적 배경

JUSTIFICATION BY FAITH

　기독교 신앙과 신학의 주요 원천은 성경이다. 성경은 하나님이 인간 역사에 자신을 계시하신 증거다. 하나님의 자기 계시는 아브라함을 부르시는 것으로 시작해서 이스라엘을 애굽에서 불러내신 것으로 계속되다가 예수 그리스도의 삶과 죽음, 부활에서 절정을 이룬다. 그래서 우리는 성경의 중심 주제를 "자기 백성에 대한 하나님의 돌보심"이라고 말할 수 있다.

　그렇다면 우리는 하나님과 어떻게 관계를 맺을 수 있는가? 이 관계에 속하지 않은 자들과 우리는 어떤 점에서 구별되는가? 그리고 이 관계가 우리에게 부여하는 의무는 무엇인가? 이런 질문들이 구약과 신약을 통해 제기되고 있다.

　성경은 하나님이 자기 백성을 은혜롭게 돌보시는 사실을 증거한다. 이 장에서는 그 증거가 지닌 좀 더 중요한 측면들을 살펴볼 것이다. 그것이 이신칭의 교리와 맞닿아 있기 때문이다.

## "의"의 의미

많은 오페라가 교향악 전주곡 또는 서곡으로 시작한다. 이런 도입부가 생긴 원래 이유는 대체로 관람객이 늦게 왔기 때문이다. 서곡은 사람들이 다 입장할 때까지 약 10분 정도 시간을 끌어주었다. 그러다가 19세기에 들어와서는 오페라에 붙는 교향악 전주곡이 작품의 구성 요소로 자리 잡게 되었다(당연히 관람객은 제 시간에 입장해야 했다!).

서곡은 오페라의 나머지 부분에 흐르게 될 음악적 주제를 소개한다. 그렇게 해서 관람객이 주제들을 익히고 그 주제가 연주될 때 제대로 즐길 수 있도록 돕는 것이다. 〈로엔그린〉(Lohengrin)과 같은 리처드 바그너의 오페라는 이런 발전을 보여주는 전형적인 예다.

마찬가지로 창세기 첫 열한 장을 서곡으로 보면, 성경 전체를 이해하는 데 여러 모로 도움이 된다. 이 서곡은 성경의 나머지 부분을 지배할 주제들을 소개한다. 이때 주제란 인간의 죄성, 하나님을 거스르는 인간의 반역, 하나님과 인간의 언약 등이다. 이 장면은 뒤에 이어질 거대한 구원 드라마를 위해 설정되었다. 그 다음에는 인간 역사의 막이 올라간다. 여기서 하나님은 아브라함을 부르셔서 그를 통해 거대한 민족을 이루겠다고 약속하신다(창 12:1-3). 실제로 아브라함은 아담의 죄를 역전시키기 위해 부르심을 받은 것이다. 이 약속에 아브라함은 믿음으로 반응한다. 이 장면이 바로 유명한 본문이자, 바울 사도가 수차례 언급한 창세기 15장 1-6절에서 전개된다.

하나님은 이 본문에서 아브라함에게 아들과, 하늘의 별보다 많은 후손을 약속하신다. 아브라함은 불가능해 보이는 이 약속을 믿는다. "아브람이 여호와를 믿으니 여호와께서 이를 그의 의로 여기시고"(창 15:6). 우리는 여기서 칭의 교리와 직접 연결되는 성경의 중심 주제를 만난다. 바로 의(righteousness)라는 개념이다.

"의"란 무슨 뜻인가? 하나님이 아브라함의 믿음을 도덕적인 미덕으로 여기지 않으신 것은 분명하다. 이것은 아브라함이 갚아야 할 의무 같은 것이 아니었다(약속은 이미 주어졌기 때문이다!). 난점은 영어 번역본에서 대부분 "의"라고 번역한 히브리어를 정확하게 옮길 영어 단어가 없다는 것이다.[1] 현대 서구인들은 "의"를 절대적이고 비인격적인 정의와 도덕의 기준이라고 생각한다. 그러나 구약 기자들의 마음속에는 이런 개념이 없었음을 반드시 알아야 한다.

구약에서 의는 **인격적인** 개념이다. **두 사람 사이의 관계에서 의무와 요구를 성취하는 것**을 뜻한다.[2] 구약은 각 개인이 복잡한 관계망 속에 놓여 있다고 생각했다. 예를 들어, 어떤 개인은 아버지로서 자녀와 관계를 맺을 것이고, 남편으로서 아내와, 시민으로서 가난하고 곤궁한 자들뿐 아니라 왕과도 관계를 맺는다. 고용주로서 일꾼과 관계를 맺기도 한다. 이런 모든 관계에서 양측은 의무를 가지게 되고, 이런 의무가 충족되었을 때 "의"가 성립된다.

---

1 이 문제에 대한 자세한 분석서로는 Alister E. McGrath, *Iustitia Dei: A History of the Christian Doctrine of Justification*, 2 vols.(Cambridge: Cambridge University Press, 1986), 1:4-16을 보라.

2 "의"에 관한 히브리 개념은 H. Cremer, *Die paulinische Rechtfertigungslehre im Zusammenhang ihrer geschichtlichen Voraussetzungen*(Gütersloh, 1899) ["The Pauline Doctrine of Justification in the Context of Its Historical Presuppositions"]가 출간되면서 충분히 논의되었다. 크레머의 견해는 Walther Eichrodt, *Theology of the Old Testament*, 2 vols. (Philadelphia: Westminster, 1975), 1:240-41에 요약되어 있다.

모든 관계에 우선하는 가장 중요한 관계는 하나님과 그분의 백성 사이의 언약 관계다. 그래서 구약이 말하는 "의"는 대부분 가장 중요한 이 언약의 조건이 충족된 상태를 뜻한다. 구약에 따르면 이 언약 관계가 하나님과 사람에게 부과한 조건을 하나님이나 사람이 충족시킬 때, 하나님 또는 사람을 의롭다고 한다.

"의"라는 개념을 규정하는 언약적 틀을 인식하면, 그 개념과 관련된 중요한 개념인 "죄"도 쉽게 이해할 수 있다. "의"가 주로 신실성에 관계되듯이, "죄" 역시 일차적으로는 신실성과 관계가 있다. 성경이 말하는 죄라는 개념을 법정적 또는 법률적으로 옳게 기술할 수 있는 측면도 많이 있다(말하자면 "과녁에서 빗나가다"라든가 "요구하는 바에 미치지 못하다"라는 말로 기술한다는 점에서). 그러나 인격적 관계를 배신한다는 것이야말로 성경이 가장 근원적으로 규정하는 죄의 개념이다. 죄는 하나님을 신뢰하지 않고 그분 권위에 도전하거나, 그분의 약속을 진지하게 여기지 않는(시편 106편 24-27절을 보라) 태도를 말한다. 한마디로 하나님을 신뢰하지 않는 것이다. 우리는 6장에서 인격적인 관계를 다루면서 기초가 되는 이 개념을 다시 한 번 다룰 것이다.

이런 사실을 염두에 두고 창세기 15장 6절로 돌아가 보자. 이제 우리는 하나님의 약속을 믿는 믿음을 "의"로 여기신 것이 기본 개념임을 알 수 있다. 다시 말해 아브라함이 하나님의 약속을 신뢰할 때 그가 하나님과 맺은 관계는 "정상이다." 아브라함에게 요구된 의는 하나님의 신실하심을 믿는 믿음이었다. 구약 선지자들 역시 이스라엘 백성에게 하나님과 맺은 관계를 유지하기 위해 요구된 조건이

"의"라는 것을 강조한다. 이때 의는 도덕적인 미덕이 아니라 하나님에 대한 신실함이다. 이 점을 알면 선지자들이 이스라엘 백성의 도덕적 결함 이상은 아닐지라도 그 결함만큼이나 그들의 음탕한 우상숭배를 매섭게 지적하는 이유를 이해할 수 있다.

우상숭배는 **비도덕적인** 행위라기보다는 하나님과 이스라엘 백성의 언약 관계와 인격적인 신뢰를 박살내버리는 불신 행위다. 구약에서는 "의"와 "언약"이 매우 가까이 붙어 다닌다. 이 둘은 매우 가까워서 하나님이든 이스라엘 백성이든 "의롭게 행한다"는 것은 곧 "언약에 합당하게 행한다"는 것을 뜻할 정도다.

## 구약의 이신칭의

이제 구약이 말하는 칭의 개념을 찬찬히 살펴보자. 흥미롭게도 구약에서는 "의롭다 함"(칭의)이라는 추상 명사가 나오지 않는다. 그 대신 "의롭게 하다"라는 동사만 나온다. 의로움을 추상 개념이 아닌 역동적인 것으로 이해한 것이 분명하다. "의롭다 하는" 것은 하나님이 하시는 일이다. 그것은 정적이지 않고 동적이다. 구약에서 "의롭다 함"이라는 개념의 기본적인 의미를 가장 잘 표현하는 설명은 아마도 "언약 관계 안에 있다고 선언되다"일 것이다. 우리는 이 목적을 달성하기 위해 먼저 행동을 취하셔서 죄 된 인류를 구속하시려는 하나님의 열망에 대한 증언들을 구약 전반에 걸쳐 발견할 수 있다.

부족하고 자격 없는 자들이지만 하나님은 그들을 불러 관계를 맺으신다. 이스라엘을 부르시는 행동이 이 점을 잘 나타내준다. 하나님은 독특하고 배타적인 그분의 소유로 이스라엘을 택했다고 선언하신다. 이것은 이스라엘이 우수하거나 강대한 민족이어서가 아니다(신 7:7, 9:4-6). 하나님이 먼저 사랑하시고 구원하시는 분이기 때문이다. 그때나 지금이나 하나님은 세상이 보기에 약하고 어리석은 자들을 택하신다. 그렇기 때문에 죄 된 인류를 향한 하나님의 은혜라는 관점에서 구약을 본다면, 특히 언약 관계에 나타난 그분의 은혜로운 사역에 근거하여 본다면, 신약은 그것의 완전한 성취로 모습을 드러낸다.

## 신약의 이신칭의

초대교회 그리스도인들은 예수 그리스도의 죽음과 부활 때문에 "하나님과 올바른 관계를 맺는다"("의롭게 되었다"로 번역하면 금방 이해될 것이다)고 믿었다(롬 3:24-26, 4:24-25, 고전 1:30, 6:11, 딤전 3:16, 벧전 3:18). 하나님이 인간의 죄를 정당하고 적절하게 처리하셨다는 법정적 선언이 명백하게 나타나 있다. 이 선언은 특히 바울 서신에서 두드러진다. 하나님은 죄를 무시하거나 간과하지 않으셨다. 우리는 신약이 칭의를 예수 그리스도의 죽음과 부활이라는 객관적인 터전 위에서 이해했다고 단언할 수 있다.

신약에서 "칭의"라는 용어는 법정을 연상하게 하는 **법정적** 측면이 있다. 이렇게 볼 때 "칭의"는 "옳다고 선언되다 또는 재판장이신 하나님 앞에 바른 관계 안에 있다고 선언되다"라는 의미를 갖는다. 이 판결에서 주목해야 할 것은 기본적으로 사람의 도덕적인 품성이나 덕성이 아니다. 개인이 **하나님 앞에서 부여받은 신분**이다.

신약, 특히 바울의 글은 의를 "바른 관계"로 보는 구약 개념을 그대로 계승하는 것처럼 보인다. 그 결과 "칭의"는 "하나님과 바른 관계에 놓이다" 또는 "하나님과 바르게 되다"라는 기본적인 의미를 그대로 갖게 된다. 그래서 신약은 칭의를 우선 인간이 어떻게 하나님과 바른 관계에 들어가느냐에 관련된 것으로 이해한다. 이 점은 보통 "의롭다 하다"라는 의미를 담고 있는 헬라어 동사 "디카이운"(*dikaioun*)을 관계적 측면을 강조하여 "바로잡다"(to rectify)로 번역한 데서도 엿볼 수 있다.

물론 신약은 "하나님과 올바르게 됨"을 어떻게 이해해야 하는지 펼쳐 보이기 위해 다른 개념들을 쓰기도 한다. 하나님과 올바르게 된다는 것은 속죄(롬 3:25), 하나님과 화목하게 됨(고후 5:18-20), 양자 됨(롬 8:15, 23, 갈 4:5), 변화됨(롬 12:2, 고후 3:18), 거룩하게 됨 또는 성별됨(고전 1:20, 30) 등과 연결된다. 이런 개념들은 하나님과 바르게 된다는 기본적인 개념 틀에 살을 붙여준다. 하나님의 선물은 변화(transformation)를 가져온다. 그래서 최근 신약학에서는 "하나님의 의"라는 바울의 기본 사상이 어떻게 **하나님의 선물**과 **하나님의 변화하시는 능력**이라는 두

개념을 동시에 전달하는지에 주목해 왔다.[3]

이런 통찰들은 바울이 예수 그리스도가 십자가와 부활을 통해서 죄 된 인류를 위해 이루어놓으신 일을 설명하려고 "의"와 "칭의"라는 구약의 언어를 얼마나 창의적으로 발전시켰는지 이해하는 데 어느 정도 도움이 된다. 구원은 우리에게 선물로 주어졌다. 그리고 구원과 더불어 개인의 변화가 나타났다. 하나님이 은혜롭게도 죄인을 의롭다 하심은 예수 그리스도를 믿는 믿음을 통하여 우리에게 제공된다. 그 칭의는 예수 그리스도의 죽음과 부활을 통해 단번에 영원히 성취된다. 그래서 그것은 과거나 현재의 사건일 뿐만 아니라 미래까지도 포괄한다. 다시 말해서 하나님이 예수 그리스도를 믿는 사람들을 의롭다고 미리 선언하신다는 점에서 마지막 날에 선포될 판결이 현재 앞당겨 주어지는 것이다. 믿는 이들은 의롭다 하심을 받고 그리스도 안에서 평강을 누리며 살게 된다(롬 5:1). 하나님의 심판과 판단하시는 말씀을 들었기 때문이다(롬 5:1-2, 8:28-37, 갈 2:15-20).

이신칭의에 대한 신약의 이해에 바울이 끼친 큰 공헌이 있다면, 우리가 어떤 방법으로 하나님과 바른 관계에 놓이게 되었는지를 알려주었다는 것이다. 바울에게 칭의는 하나님의 은혜로, 율법이 아닌 믿음을 통하여 일어난다(롬 3:22-24, 갈 2:21). 바울은 이 결정적인 요점을 상세하게 설명하는 중요한 대목에서 아브라함을 이야기한다. 갈라디아서 3장 1절-4장 31절과 로마서 4장 1-25절에서 그 이야기를 자

---

3 특히 Ernst Käsemann, *Commentary on Romans*(Grand Rapids: Eerdmans, 1980)를 보라.

세히 설명한다. 바울에게 그리스도를 믿는다는 것은 복음에 대한 반응이다. 즉, 복음을 듣고 믿게 되는 것이다(롬 10:17, 갈 3:2, 8). 그런데 믿는 이들이 하나님과 아브라함 사이에서 맺어진 언약과 어떤 관계가 있느냐에 관한 바울의 이해는 참으로 우리의 흥미를 돋운다. 이 부분은 좀 더 깊이 살펴봐야 한다.

## 이신칭의와 율법

우리는 앞서 창세기 15장 6절의 중요성을 논했다. 이 구절은 "믿음의 의"라는 개념을 이해하는 데 매우 중요하다. 아브라함은 하나님의 약속을 믿었고, 이 믿음으로 말미암아 하나님과 바른 관계를 맺게 되었다. "하나님과 바른 관계에 놓인다"는 것은 그분의 은혜로운 약속을 믿는 것이고, 그에 맞게 행하는 것이다. 아브라함을 부르신 것은 그를 하나님의 언약 관계 안으로 들어오게 하신 것이다(창세기 15장 7-11절은 언약 체결 의식을 묘사한다). 하나님과 아브라함, 그리고 그의 후손 사이에 체결된 언약이라는 주제는 창세기 17장에서 좀 더 발전된다. 17장에서는 "언약의 표지"로 할례가 도입되고(할례 받은 자는 하나님의 구원 언약 안에 들어와 있는 자를 뜻한다), 시간과 공간 안에서 펼쳐지는 언약의 범위가 자세하게 서술된다.

아브라함의 부르심이라는 주제를 다루면서 바울은 그를 하나님과 바른 관계를 맺은 모범적인 인물로 본다. 즉 하나님의 약속과 신실하심을 믿은 인물로 내세우는 것이다. 그러나 바울은 그의 부르심에 담긴 더 깊은 의미를 놓치지 않는다. 바로 하나님의 은혜로운 약속과, 그 약속을 믿는 사람을 기반으로 하나님의 언약 백성이 출현한다는 것이다. "땅의 모든 족속이 너로 말미암아 복을 얻을 것이라"(창 12:3).

믿음을 기독교적으로 정의하는 데는 늘 "이해"와 "동의"라는 요소가 있지만, "신뢰"(관계!)로 평가 설하되어서는 안 된다. 믿음은 겸손하고 순종하는 마음으로 하나님의 약속을 온전히 신뢰하는 반응이다. 수동적인 측면에서 보았을 때, 믿음은 적극적으로 하나님께 무엇을 받으려는 상태다. 은혜는 주고, 믿음은 받는다. 단순하게 말해서 믿음은 하나님께 대한 아멘이다. 바울은 하나님과 이러한 관계를 맺은 사람이라면 누구나 아브라함과 체결한 언약 안에 들어왔다고 생각했다. 칭의는 믿음을 통하여 은혜로 말미암는다. 다른 말로 하자면 은혜롭게 주시는 분은 하나님이고, 믿음으로 받는 쪽은 우리다.

여기서 믿음과 구약 율법의 일반적인 관계, 그리고 믿음과 행위의 관계라는 좀 더 구체적인 문제가 대두된다. 바울은 "율법 안에서 얻는 칭의"와 "행위로 말미암는 칭의"를 강하게 논박한다. 이것은 주로 유대인, 그것도 오직 유대인만이 의롭다 하심을 받는다는 유대인들의 주장을 겨냥한 것으로 보인다. 모든 사람이 죄를 범했고 "이제 율법 외에 하나님의 한 의가 나타났다"(롬 3:21-23)는 바울의 힘찬 선언은 이방인을 제외하고 유대인만이 아브라함과 맺으신 언약에서 독점적인 특권을 갖는다는 주장을 일축해 버린다.

바울은 구약 율법을 "민족적인 의"나 유대 민족이 누리는 특권으로 보는 것에 강하게 반대한다. 그는 구약 율법에 **순종**하는 것으로 개인이 하나님과 아브라함이 맺은 언약에 들어오게 된다고 역설한다.[4] 로마서는 칭의를 얻기 위해서는 유대인이 되지 않아도 되며(롬 4:1-25), 유대인이 되더라도 그것으로 충분하지 않다(9:1-33)는 바울의 주장과 관련하여 가장 중요한 책이다. 유일무이하며 무엇보다 먼저 충족되어야 할 조건은 믿음이다.

구약 율법은 하나님의 백성, 하나님과 아브라함이 맺은 언약 안에 있는 사람들을 한정한다. 바울은 예수 그리스도를 믿는 믿음이 이 구약 율법을 완성하고, 믿는 이로 하여금 그 언약에 들어가게 한다고 이해했다. 그래서 "믿음의 법"(롬 3:27)이라고 말할 때 바울은 그리스도인들이 진정 하나님의 백성, 곧 구약 율법이 한정한 바로 그 언약이자 하나님이 아브라함과 맺으신 언약 안에 들어온 백성임을 말하는 것이다.

갈라디아서에서 바울은 회심한 이방인들이 할례를 받지 않아도 된다고 강력하게 주장한다. 그들이 믿음으로 말미암아 아브라함과 맺은 그 언약에 이미 들어왔기 때문이다.

물론 이 말은 바울의 이신칭의 교리가 유대주의자(그리스도인이 된 이방인 신자에게 구약 율법 준수를 요구한 사람들)가 초대교회에 심각한 위협이 되었을 때에만 적합하다는 뜻은 아니다. 시대마다 사이비 칭의론이 있기 마련이다. 그러한 칭의론들은 "하나님과 바른 관계"를 맺으려면

---

4 이 요점은 E. P. Sanders, *Paul and Palestinian Judaism*(Philadelphia: Fortress, 1977)에서 논의되고 있으며, 최근에는 그의 책 *Paul, The Law and the Jewish People*(Philadelphia: Fortress, 1983)에서 논의되었다. 샌더스의 견해에 대한 반박으로는 W. D. Davies, *Paul and Rabbinic Judaism*, 2nd ed.(Philadelphia: Fortress, 1980)을 보라.

특정한 일을 해야 한다는, 부적절하고 잘못된 생각으로 채워져 있다.

칭의는 행위에 바탕을 두지 않는다. 한편, 칭의를 얻은 인간은 그 후로 선을 행하지 않아도 된다는 면책권을 얻는 것도 아니다. 칭의에 관한 하나님의 은혜라는 능동성과 인간의 믿음이라는 수동성을 강조하는 바울의 논지는 유대인 그리스도인과 이방인 그리스도인의 논란을 뛰어넘으며, 우리 시대에도 직접적이고 밀착된 적합성을 갖는다.

게다가 하나님이 언약에 얼마나 변함없고 신실하신지를 역설하는 바울의 논점은 매우 중요하다. 바울에 따르면, 믿음을 통하여 인간을 의롭다 하심은 아브라함과 한 번 하신 약속과, 그에게 맹세하시고 모세에게 계시하셨으며 마침내 그리스도의 보혈로 인 치신 언약에 하나님이 얼마나 충실하신지를 입증한다.

이신칭의 교리는 "인간 역사를 통해 구원하시는 하나님"이라는 엄청난 주제를 선포한다. 예수 그리스도의 죽음과 부활, 그리고 교회의 선교는 하나님의 원래 의도와 별개가 아니다. 그것은 하나님 계획의 절정이자 최고조다. 아브라함과 맺으신 언약은 예수 그리스도의 죽음과 부활을 통해 새로워지고 활력을 얻는다.

### 이신칭의 vs. 이행칭의?

신약의 나머지 부분에서 발견되는 이신칭의의 중요성을 대충 살펴보는 데만도 지면이 부족하다. 그럼에도 얼핏 바울의 이신칭의 교리와 상충하는 것으로 보이는 구절이 떠오른다. 야고보서 2장 14-26절이다. 이 구절은 믿음만이 아니라 행위로 칭의가 온전히 이루어진다고 말한다. 여기서 야고보는 바울의 이신칭의 교리를 거부하는 것이 아니라 그 교리를 왜곡하거나 무가치하게 만들어버리는 태도를 거부하는 것이라는 주장이 흔하다. 이 주장은 훌륭한 근거를 가지고 있다. 무엇보다 바울 자신이 그러한 왜곡과 싸워야 한다고 밝히고 있는 것처럼 보이는 구절들(예를 들어 로마서 3장 8절, 6장 1, 15절)이 있다.

"이로 보건대 사람이 행함으로 의롭다 하심을 받고 믿음으로만은 아니니라"(약 2:24)는 말씀은 우리가 "율법을 지킴으로써가 아니라 믿음으로 말미암아 의롭다 하심을 얻는다"(로마서 3장 28절, 갈라디아서 2장 16절 참조)는 바울의 열띤 주장과 모순되는 것처럼 보인다. 그러나 그런 모순은 존재하지도, 의도되지도 않은 것이 분명하다.

이때 야고보가 "믿음"이라는 말로 의도한, 명백한 의미는 "상응하는 행위 없이 계시를 받는"(약 2:19) 상태로, 바울이 말하는 믿음과는 전혀 동떨어진 종교적 정통(正統), 죽은 정통을 뜻한다. 바울에게 믿음이란 예수 그리스도께 순종하려는 마음과 생각이 새롭게 정립되는 것이다. 이것은 "믿음에서 순종이 나온다"(롬 1:5, 개역개정 성경에는 "믿어 순종하게 하나니"로 번역되어 있다_옮긴이)는 중요한 구절, 그리고 로마에 있는 그리스도인들의 믿음과 순종이 널리 알려졌다는 확언(1:8, 16:19)에서도 알아차릴 수 있다.

바울과 야고보는 단지 서로 다른 방법, 다른 강조점으로 이신칭의라는 교리의 기본적인 의미를 진술하고 있을 뿐이다. 우리는 선물로 구원을 받았다. 이 선물을 믿음으로 말미암아 받았다. 그리고 믿음은 우리의 본성을 변화시켜(롬 12:20, 고후 3:18) 선한 행위가 나오게 한다.

유명한 두 표어가 이 중요한 통찰들을 간단하게 요약해 줄 수 있다. 첫째는 종교 개혁기로 거슬러 올라간다. "믿음은 선행을 동반한다." 다시 말해 믿음이라는 선물은 그 안에 우리의 새로운 본성과 하나님께 순종하려는 새로운 열망을 포함한다. 그리고 이 둘은 그분이 우리를 위해 행하신 일에 대한 감사와, 믿음을 통해 우리 안에 일어나는 변화의 결과로 나타난다.

둘째는 바울, 특히 그의 윤리를 새롭게 조명하려는 관심에서 비롯된 것이다. 이런 관심은 금세기에 떠올랐다. "당신 자신이 되어라!" 이 말은 우리가 칭의를 통해 하나님의 자녀가 되었다는 것이다. 따라서 우리는 신분에 합당하게 행하는 법을 배워야 한다.

칭의를 통해 우리는 하나님의 형상으로 재창조되었다. 우리는 삶에서 이 사실을 드러내 보이는 법을 배워야 한다. 칭의의 기본 개념은 우리의 새로운 신분, 하나님과 맺은 새로운 관계를 선언했다는 것이다. 그러므로 이 새로운 신분과 관계를 받아들이고, 우리의 삶과 태도를 거기에 맞게 재조정하는 법을 배워야 한다. 하나님의 은사는 의무를 수반하며, 그 의무를 이행할 수 있는 능력도 뒤따라온다.

## 결론

이 장에서는 성경이 이신칭의를 어떻게 말하는지 그 굵직한 줄기를 간략하게 살펴보았다. 우리는 은혜와 믿음이라는 두 가지 핵심적인 주제를 언급했다. 은혜는 무조건적이고 사랑이 풍성하며 은혜로운 하나님의 언약이 그분의 사역, 즉 아브라함과 맺은 약속에서 시작하여 예수 그리스도의 죽음과 부활에서 절정에 이른 그 사역 안에서 우리에게로 향하는 것이다. 믿음은 아무것도 쥐지 않은 채 손을 내밀어 아무 의심 없이 이 약속들을 받아들이고 우리 것으로 삼아야 할 우리 쪽의 필요를 뜻한다.

우리는 이 주제들이 얼마나 광범위한지 확인했다. 이것은 아브라함을 부르신 이후부터 계속 이어지는 하나님의 구원 목적을 모두 포괄한다. 우리는 아브라함과 이스라엘 백성, 교회를 부르시는 가운데 이 두 가지 주제가 발전되었음을 확인했다.

우리가 우리 된 것은 하나님의 은혜다. 하나님은 가치를 보고 우리를 선택하신 것이 아니다(오히려 그분은 우리의 가치 없음을 간과하셨다!). 그렇게 하나님은 우리가 도저히 도달할 수 없는 자리에 우리를 서게 하셨다(고전 3:5, 4:7, 빌 2:13). 우리 마음을 얼마나 겸손하게 하고 얼마나 뜨겁게 하는 것인가! 그러면서도 얼마나 쉽게 잊어버리는지!

다음 장에서는 교회에서 이 주제를 둘러싸고 일어난 최초의 주요 논쟁을 살펴볼 것이다. 펠라기우스 논쟁은 아주 오래전에 일어난 것이지만, 오늘날에도 믿음을 통하여 은혜로 말미암는 칭의라는 복음을 위협하는 망령이 되어 우리 주변에서 춤추고 있다.

## 추천 도서

E. R. Achtemeier. "Righteousness in the Old Testament." In *Interpreter's Dictionary of the Bible*. Nashville: Abingdon, 1962. 4:80-85.

C. Brown 외. "Righteousness, Justification." In *New International Dictionary of New Testament Theology*. Grand Rapids: Zondervan, 1976. 3:352-76. 이 책에는 매우 유용한 참고도서 목록이 실려 있다.

E. Käsemann. "The 'Righteousness of God' in Paul." In *New Testament Questions of Today*. Philadelphia: Fortress, 1969. 168-82.

_____. *Commentary on Romans*. Grand Rapids: Eerdmans, 1980.

B. Przybylski. *Righteousness in Matthew and His World of Thought*. Cambridge: Cambridge University Press, 1980.

J. Reumann. *Righteousness in the New Testament*. Grand Rapids: Eerdmans, 1983.

K. Stendahl. "The Apostle Paul and the Introspective Conscience of the West." In *Paul among Jews and Gentiles*. Philadelphia: Fortress, 1976. 78-96.

J. A. Ziesler. *The Meaning of Righteousness in Paul*. Cambridge: Cambridge University Press, 1972.

# 2장

# 아우구스티누스와 펠라기우스의 논쟁

JUSTIFICATION BY FAITH

주후 386년 9월, 수사학을 가르치던 총명하고 젊은 북아프리카 사람이 놀라운 일을 경험한다. 이 경험은 훗날 서구 기독교 발전에 기념비가 될 중요한 사건으로 평가되었다. 밀라노의 주교 암브로시우스의 설교에 감화를 받은 아우구스티누스가 극적인 회심을 경험한 사건이다.

32세가 될 때까지 진리를 찾아 헤맸으나 아무것도 얻지 못한 아우구스티누스는 인간의 본질과 운명이라는 거대한 질문 앞에서 거듭 번뇌하고 있었다. 그러던 어느 날 그는 동네 아이들의 노랫소리를 듣는다. "똘레, 레게"(집어서 읽으라). 이 노랫소리를 신의 인도라고 생각한 그는 가까이 있던 책을 집어 들어 읽기 시작했는데, 그 책이 바로 로마서였다. 그리고 운명적인 말씀, 곧 "오직 주 예수 그리스도로 옷 입고"(롬 13:14)라는 말씀을 읽는다. 이 말씀은 더 이상 이교 사상을 지탱하기 힘들어진 그에게 구원과 같은 소식이었다.

그는 나중에 이렇게 회상한다. "확고 불변한 빛 한줄기가 내 마음 속으로 들어왔다. 모든 의심의 그림자는 사라졌다."[1] 그때부터 그는 엄청난 지적 능력을 쏟아 부어 기독교 신앙을 변호하고 견고하게 했다. 정감이 흘러넘치면서도 지적이고, 마음뿐 아니라 지성에도 호소하는 문체로 글을 쓰면서 말이다.

아우구스티누스는 로마를 떠나 북아프리카로 가서 395년 히포(Hippo, 현재의 알제리)의 주교가 되었다. 그후 35년 동안 미래의 교회에 의미심장하게 남을 논쟁들을 남겼는데, 그가 각 논쟁에 대해서 내놓은 해결책은 매우 결정적이었다. 신약, 그중에서도 특히 바울 서신에 관한 주해 때문에 그는 오늘날까지도 명성을 이어가고 있다. 히에로니무스가 그를 "기독교 제2창시자"라고 평할 정도다.

기독교 시대가 열린 후 4세기 동안에는 예수 그리스도의 정체성과 하나님의 성품에 관하여 뜨거운 논쟁이 벌어졌다. 반면 이신칭의 교리는 크게 다뤄지지 않은 채 남아 있었다.[2] 그러나 5세기 초, 펠라기우스 논쟁이 일어나면서 이 문제에 맞닥뜨리게 되었다.

아우구스티누스는 본성과 은혜의 관계, 칭의에서 인간과 하나님의 역할에 관해 신중하면서도 무게 있는 주장을 내세웠다. 그의 주장

---

1　자세한 내용은 Peter Brown, *Augustine of Hippo: A Biography* (Berkeley: University of California Press, 1967), 101-14를 보라. 『어거스틴 생애와 사상』, 한국장로교출판사.
2　Alister E. McGrath, *Iustitia Dei: A History of the Christian Doctrine of Justification*, 2 vols. (Cambridge: Cambridge University Press, 1986), 1:17-23을 보라.

은 이신칭의에 관해 성경이 조명하는 내용을 가장 신뢰할 만하게 주해한 것으로 여겨진다. 이 장에서 우리는 이 중요한 논쟁에서 쟁점이 된 문제와 이신칭의 교리에 찍힌 아우구스티누스의 뚜렷한 발자국이 무엇인지 살펴보려고 한다.

역사 속에서 일어난 어느 신학 논쟁이든, 실제 논쟁 과정과 그 과정에서 떠오르는 현안을 구별하는 일은 중요하다. 전자가 역사학자의 주관심사라면, 후자는 교회가 지속적으로 관심을 갖고 적용해야 하는 문제다.

펠라기우스 논쟁은 펠라기우스에서 시작되었다. 그는 5세기 초, 로마에 살았던 영국인(아마도 스코틀랜드인) 평신도로, 일부 로마 그리스도인들의 비도덕적인 생활상에 염증을 느끼고 있었다.[3] 이때는 아우구스티누스가 그의 선배들이 해놓은 것보다 훨씬 바울에 가까운 칭의 이해를 발전시켜 놓은 시기였다. 그는 칭의를 얻기에 인간은 매우 무력하며 하나님의 은혜가 개입되어야 한다고 주장했다. 전적으로 하나님의 은혜에 의지해야 한다는 아우구스티누스가 펠라기우스의 눈에는 지나쳐 보였을 것이다. 인간의 책임과 거룩해지려는 노력을 부인하는 것처럼 보였기 때문이다.

실제로 당대 그리스도인들은 이 세상에서 별로 애쓰지 않아도 오는 세상에서 구원을 받는 아주 편리한 방편쯤으로 기독교를 생각했다. 그러나 펠라기우스는 자신이 전개하는 도덕 개혁 운동에 신학적

---

3  이 논쟁이 어떻게 진행되었는지를 알려면 Brown, *Augustine of Hippo*, 340-735를 보라.

인 근거를 제공하기 위해서 이신칭의 교리가 비추는 결정적인 빛을 좋게 말하자면 희석시켰고, 솔직히 있는 그대로 말하자면 거의 뒤엎는 것처럼 보이는 칭의 신학을 발전시켰다.

나는 이 논쟁의 주요 쟁점을 네 가지로 잡아 보려고 한다. (1) "'자유 의지'에 대한 이해, (2) '죄에 대한 이해, (3) '은혜에 대한 이해, (4) '칭의의 근거에 대한 이해.

### 자유 의지에 대한 이해

아우구스티누스에게는 하나님의 전적인 주권, 인간의 참된 책임과 자유가 동시에 유지되어야 한다. 이 문제에 관한 성경의 풍성하고 다양한 설명에 들어맞는 칭의가 되기 위해서라면 말이다. 문제를 간단하게 해결하자면 하나님의 주권이나 인간의 자유 둘 중 하나를 부인하면 된다. 그러나 그렇게 하면 하나님이 인간을 의롭다 하시는 방법에 관한 기독교의 이해를 크게 희석시키고 만다. 아우구스티누스는 생애를 통해 복음을 이렇게 희석시킨 두 이단과 씨름해야 했다.

마니교(아우구스티누스는 젊은 시절, 이 종교에 매료되었다)는 일종의 숙명론으로, 하나님의 전적 주권을 역설하지만 인간의 자유를 부인한다. 반면 펠라기우스주의는 인간의 전적 자유를 역설하지만 하나님의 주권을 부인한다. 그렇다면 논의를 더 진행하기 전에 "자유 의지"라는 용어를 잠시 살펴보자.

"자유 의지"(리베룸 아르비트리움[*liberum arbitrium*]이라는 라틴어 번역)는 성경이 아닌 스토아주의에서 나온 용어다. 이 용어는 2세기에 신학자 테르툴리아누스가 서구 기독교에 소개한 것으로, 그는 "아우텍수시아"(*autexousia*)라는 헬라어를 라틴어로 그렇게 번역하였다. 가장 근접한 번역은 "독자적인 행동에 따르는 책임" 정도가 될 것이다. 그러나 사실 아우텍수시아는 조금 다른 뜻을 가지고 있다. 그래서 아우구스티누스는 "자유 의지"라는 용어를 그대로 쓰면서도(테르툴리아누스 이후 2세기 동안 이 용어가 관습처럼 사용되었기 때문에 이것을 쓰지 않을 수는 없었다), 신약성경의 가르침, 특히 바울의 가르침과 일치하도록 의미를 되살리는 데 진력했다.

아우구스티누스는 이 용어를 사용하는 것이 불가피하다면, "자유 의지"가 인간이 모든 실존 영역에서 완전한 자유를 가지고 있다는 의미로 이해되어서는 안 된다고 말한다. 그는 기본적으로 다음과 같이 가르친다.

1. 우리는 타락 후일지라도 우리 행위에 책임을 져야 한다(헬라어 아우텍수시아의 원의미가 여기서 되살아난다. 그러고 보면 테르툴리아누스는 이 용어를 상당히 졸역한 것이다).
2. 우리는 운명의 거미줄에 붙잡혀 허우적대는 꼭두각시가 아니다. 우리는 삶의 여러 영역에서 상당한 자유를 행사한다. 마니교도를 포함하여 아우구스티누스의 대적자들은 숙명적 또는 결정론적 인생관을 가지고 있었다. 그들은 모든 일이 운명적으로

일어나기 때문에 사람은 아무 손도 쓸 수 없다고 생각했다. 아우구스티누스는 비록 제한되기는 하지만 인간에게 참된 선택의 자유가 있다고 주장한다.
3. 그러나 이 자유는 죄로 얼룩졌다. 판단력을 흐리게 만들어 죄에서 벗어날 수 없을 만큼 말이다. 바울과 마찬가지로 아우구스티누스는 죄를 깨부숴야 할 세력으로 간주한다. 그리고 은혜는 죄의 영향력에서 해방될 수 있는 유일한 방편이라고 본다.

아우구스티누스는 자유 의지와 죄의 관계를 설명하는 데 도움이 될 만한 비유를 소개한다. 접시 두 개가 달린 천칭이 있다. 하나는 선을, 다른 하나는 악을 상징한다. 두 접시가 균형을 이루고 있을 때에는, 선을 행하든 악을 행하든 그 무게를 정확하게 측정할 수 있다. 이때 균형은 인간의 자유 의지다. 선을 행하거나 악을 행하면 그것에 따라 접시가 이쪽 또는 저쪽으로 기울어진다.

이제 아우구스티누스는 묻는다. 한쪽 접시에 무거운 것을 올려놓으면 어떻게 되는가? 누군가가 악이라는 접시에 무거운 것을 올려놓았다면 어떻게 되는가? 저울은 여전히 무게를 가리키지만, 악 쪽으로 심하게 기울어질 수밖에 없다.

아우구스티누스는 죄 때문에 인간에게 바로 이런 일이 일어났다고 주장한다. 인간의 자유 의지는 악을 행하는 쪽으로 치우쳐졌다. 엄연히 존재하고 여전히 작동하지만 마치 한쪽으로 기울어진 저울처럼 균형 잡힌 판단을 내리지 못하고 악 쪽으로 심각하게 기울어져 있는 것이다.

물론 아우구스티누스의 은혜의 신학에 쏟아지는 비판을 보면, 그의 논리에 서너 가지 결함이 있음을 발견할 수 있다. 그러나 아우구스티누스는 논리적 엄격함을 염두에 두고 있지 않았다. 그가 가장 주목한 부분은 인간을 죄의 노예라고 단언하는 신약의 분명한 가르침과, 실제로 악에 포로 된 인간의 현실 경험을 공평하게 보여주는 것이다.

펠라기우스의 이론은 논리 정연하고 일관성이 있지만, 신약의 가르침이나 인간 경험과 거의 맞지 않다. 아우구스티누스에게 신학은 논리적인 설명이 아니었다. 오히려 신비에 싸인 하나님의 본질과 성품을 알아가려는 힘든 싸움이었다. 인간의 논리 체계에 포착되거나 거기에 복속되는 것이 아닌 그 무엇을 파악하려는 고투인 것이다.

아우구스티누스는 죄인인 인간에게 자유 의지가 있지만, 죄 때문에 심각하게 이지러진 나머지 하나님께 나아갈 힘조차 없게 되었다고 주장한다. 그러면 우리는 어떻게 하나님께 나아갈 수 있는가? 여기서 아우구스티누스는 하나님의 은혜가 죄의 파괴적인 영향력을 극복하는 데 반드시 필요할 뿐 아니라 충분하다는 핵심 논리를 전개한다. 두 가지 중요한 이미지를 통해 이 일이 어떻게 일어나는지 살펴보자.

첫째, 인간 본성을 해방하는 **해방자**로 은혜를 이해하는 것이다. 아우구스티누스는 "포로 된 자유 의지"(리베룸 아르비트리움 캡티바툼[*liberum arbitrium captivatum*])라는 용어를 쓴다. 자유 의지가 죄에 치명적인 영향을 받는다는 사실을 지적하고, 은혜가 인간의 자유 의지를 죄로 기울어지는 경향에서 벗어나 "해방된 자유 의지"(리베룸 아르비트리움 리베라툼[liberum arbitrium liberatum])가 되게 할 수 있다는 것을 말하려는 의도에서다.

앞서 설명했듯이 죄는 우리 안에 있는 적대 세력이다. 은혜로 싸워 점점 정복해 나가는 대상인 것이다. 다시 천칭 비유로 돌아가자. 은혜는 천칭이 악으로 기울게 하는 무게를 없애고, 하나님께 기울어진 그릇의 무게를 느끼게 해준다. 그래서 아우구스티누스는 은혜가 인간의 자유 의지를 폐하거나 누그러뜨리는 것이 아니라 오히려 더욱 북돋아준다고 주장할 수 있었다.

둘째, 인간 본성을 고치는 **치유자**로 은혜를 이해하는 것이다. 아우구스티누스는 교회를 종종 환자로 가득 찬 병원에 비유한다. 그리스도인은 의사의 손길이 필요한 환자다. 여기서 아우구스티누스는 선한 사마리아인의 비유(눅 10:30-34)를 들어 인간의 본성이 마치 길바닥에 버려져서 죽음을 기다리는 사람과 같다고 말한다. 그는 사마리아인이 구조해서 고쳐주기 전까지는 죽은 목숨이다(아우구스티누스에 따르면 사마리아인은 구속자 그리스도를 나타낸다).

이 예화에 기초하여 아우구스티누스는 인간의 자유 의지가 병들어 있기 때문에 치료받아야 한다고 주장한다. 이때도 은혜는 인간의 자유 의지를 파괴하는 것이 아니라 굳게 해주는 것으로 이해된다. 자유 의지가 제대로 기능하지 못하게 막는 방해물들을 치워버리는 것이다. 우리 눈은 어두워서 하나님을 볼 수 없는데, 은혜는 하나님을 볼 수 있도록 눈을 뜨게 해준다. 우리 귀는 막혀 있어서, 은혜가 고쳐주기 전까지는 우리를 부르시는 주님의 은혜로운 음성을 듣지 못한다.

　죄가 인간의 자유 의지에 끼치는 영향을 설명한 아우구스티누스의 설명에서 가장 설득력이 강한 부분은 그것이 우리의 경험에 맞닿아 있다는 점이다. 우리는 모두 무엇이 좋은지 **알면서도 행하지 못하는** 어정쩡함을 경험하며 살아간다. 바울 역시 이 긴장을 인식했다. "내가 원하는 바 선은 행하지 아니하고 도리어 원하지 아니하는 바 악을 행하는도다"(롬 7:19). 아우구스티누스가 회심 전에 드린 기도 역시 이 긴장을 드러낸다. "제게 순결함과 자제력을 주옵소서. 그러나 지금 주시지는 마옵소서." 그릇된 일을 행하려는 내재적인 경향성, 엄청난 신학 논쟁을 불러일으킨 이 경향성은 유럽의 어느 수도원을 찾은 방문자의 일화에 잘 요약되어 있다.

　수도원 측은 방문자에게 묵을 방을 보여주면서 창문 밖을 내다보지 않는 한, 방 안에서 무슨 일을 하든 상관없다고 말했다. 궁금증이 발동한 방문자는 밖을 내다보면 뭐가 잘못인지 알고 싶어 결국 창문 밖을 내다보고 말았다. 밖을 내다본 그는 기겁했다. 모든 수도승이 그를 지켜보고 있던 것이다. "사람들은 반드시 내다보지요." 수도사들의 말이었다.

　이 이야기는 인간의 분열된 의지 때문에 일어나는 깊은 긴장을 보여준다. 이 짧은 이야기를 봐도 펠라기우스의 논리는 힘을 잃는다. 사실 펠라기우스 지지자들은 인간이 쉽게 악에 발목이 잡힌다는 것을 잘 알고 있다. 그리고 인간의 전적인 자율과 자유를 주장하는 자신들의 교리 전제와 이 사실이 좀처럼 조화되지 않을 것도 안다.

아우구스티누스는 죄란 인간을 그 본성에 얽어매는 것이라고 보았다. 죄는 우리에게 본성이라는 울타리 안에서 활동할 수 있는 자유를 주지만, 그 울타리를 벗어나 살아 계신 하나님을 마주하고 반응할 만큼의 자유는 주지 않는다. 그러나 하나님이 은혜를 통해 우리의 본성을 가두고 있는 이 제한을 깰 자유를 주시고, 그분의 은혜로운 부르심을 인식하고 반응하게 하신다. 아우구스티누스가 보기에 우리는 하나님에 대해 장님이기 때문에 은혜로 말미암아 눈을 떠야 한다. 그분의 말씀에 대해 귀머거리이기 때문에 역시 같은 방법으로 귀를 열어야 한다.

그러나 펠라기우스와 그의 추종자에 따르면 인간에게는 완전한 자유 의지가 있기 때문에 자신의 죄에 전적인 책임이 있다. 인간의 본성은 본질적으로 자유로우며 이해할 수 없는 약함에 의해 손상되거나 무력해지지 않는다. 펠라기우스에 따르면 인간에게 있는 결함은 하나님의 선하심에 부정적인 영향을 끼친다. 하나님이 인간의 결정에 직접 간섭하시는 것은 인간의 순수성을 손상시키는 것과 같다.

천칭 비유로 돌아가자면, 펠라기우스주의자는 인간의 자유 의지란 완전한 평형을 이룬 천칭과 같아서 조금도 치우침이 없다고 주장하는 것이다. 아우구스티누스가 이해하고 있는 의미의 하나님의 은혜는 그들에게 전혀 필요 없다(나중에 살펴보겠지만 펠라기우스는 은혜를 전혀 다르게 이해한다). 여러 면에서 펠라기우스의 사상은 빅토리아 여왕 시대 시인인 윌리엄 헨리의 시 "굴하지 않으리"(Invictus)의 주제와 공통점이 있다.

문이 얼마나 좁든

내가 받을 벌이 얼마로 기록되어 있든

내 운명의 주인,

내 영혼의 책임자는 바로 나일진저!

413년, 펠라기우스는 데미트리아스에게 긴 편지를 쓴다. 데미트리아스는 수녀가 되기 위해 엄청난 부를 버리기로 결심한 여인이다. 펠라기우스는 인간의 자유 의지에 관한 그의 주장이 불러일으킬 결과를 예견하지 못한 채 아무런 거리낌 없이 편지를 써내려갔다. 하나님은 인간이 무엇을 할 수 있는지 잘 아신다. 그분이 인간을 지으셨기 때문이다. 따라서 우리에게 부과된 모든 명령은 순종할 수 있고, 또 순종하는 것이 마땅하다. 인간이 약해서 그 명령들을 순종하지 못한다는 주장은 그저 핑계일 뿐이다. 인간을 지으신 분은 하나님이므로 그분은 인간이 지킬 수 있는 명령이 무엇인지 아시며, 그것만 요구하신다.

인간은 완전해질 수 있기 때문에 펠라기우스는 "인간은 완전해질 수 있다. 이것은 의무이자 책임이다"라는 주장을 굽히지 않았다. 이러한 도덕적 엄격주의와, 인간 본성에 대한 비현실적인 이해는 하나님이 손상된 인간 본성을 부드럽고 자애롭게 치유하시고 회복하시려 한다는 아우구스티누스의 주장에 오히려 무게를 실어주었다.

### 죄에 대한 이해

아우구스티누스에게 인간성은 타락의 결과, 죄로 말미암아 모두 오염되었다. 인간의 지성도 어두워지고 약화되었다. 하나님이 누구이신지 알 수 없고 그분의 영상이 무엇인지 식별할 능력도 잃었다. 죄 때문에 죄인이 명쾌하게 사고한다는 것은 불가능해졌고, 특히 고상한 영적 진리와 개념을 알 수 없게 되었다. 그는 구원에 관한 한 삶의 처음부터 마지막까지 우리는 전적으로 하나님께 의존적이라고 보았다. 이미 앞서 말했지만, 마찬가지로 인간의 의지도 죄로 말미암아 (상실하지는 않았지만) 약화되었다. 아우구스티누스에게 우리가 죄인이라는 이 명쾌한 사실은, 우리가 심각하게 잘못되어 있는데다가 우리 질병을 제대로 진단할 수 없는 상태라는 것을 뜻한다. 그러니 치유는 더 말할 나위가 없다. 우리의 질병(죄)이 정확하게 진단되고 적절하게 치료(은혜)받는 것은 오직 하나님의 은혜를 통해서다.

아우구스티누스가 주장하는 핵심은 바로 우리가 우리의 죄성에 속수무책이라는 것이다. 죄성은 출생 때부터 우리를 오염시킨 이후 계속 우리를 더럽힌다. 아우구스티누스는 인간은 본성상 죄 된 성향을 타고났기 때문에 어쩔 수 없이 죄를 지을 수밖에 없다고 보았다. 다시 말해 죄가 죄를 낳는 것이다. 죄 된 성향이 죄 된 행위로 구체화된다. 아우구스티누스는 세 가지 중요한 비유를 써서 이 점을 적절하게 설명한다.

첫 번째는 죄를 **유전적인 질병**으로 본다. 죄는 한 세대에서 다음 세대로 전해지는 질병이다. 앞서 보았지만 이 질병은 인간성을 약화시키며, 인간 대리자는 치유할 수 없다. 그리스도는 "상처를 입음으로 우리를 치유하는" 거룩한 의사이시다(사 53:5). 그래서 구원은 병을 고치는 일 또는 의료 행위로 이해된다. 하나님의 은혜로 치유받은 우리는 이제 하나님을 인식하고 그분 뜻에 반응할 수 있게 된다.

두 번째는 죄를 **세력**으로 본다. 이 세력은 우리를 포로로 잡고 있는데, 우리 힘으로는 이 세력을 깨뜨릴 수 없다. 인간의 자유 의지는 이 세력에 포로로 잡혀 있고, 오직 은혜로만 해방을 맛볼 수 있다. 따라서 그리스도는 해방자이시며, 죄의 세력을 꺾는 은혜의 원천으로 인식된다.

세 번째는 죄를 근본적으로 법정적 또는 재판과 관련된 개념인 **죄책**(guilt)으로 본다. 이 죄책 역시 한 세대에서 다음 세대로 전해진다. 아우구스티누스는 법을 중시하던 로마제국 후기에 활동한 사람이기 때문에 이런 식으로 죄를 이해하기가 쉬웠을 것이다. 이 비유에서 그리스도는 용서하고 용납하시는 분이다.

아우구스티누스 이후로도 많은 사람이 이 비유들을 채택하여 발전시켰다. 예를 들면 A. M. 토플레디의 유명한 찬송가 〈만세 반석 열리니〉의 가사를 보자.

창에 허리 상하여 물과 피를 흘린 것
내게 효험되어서 정결하게 하소서(새찬송가 494장 1절).

죄를 "씻고 또 씻는다"(3행의 "내게 효험되어서"에 해당하는 영어 원문 "Be of Sin the double cure"를 직역한 것이다_옮긴이)는 언급은 죄가 용서되고 그 세력이 꺾여야 한다는 표현이다(그리스도의 죽음을 바로 이 치유의 근원으로 표현한 것에 주목하라). 찰스 웨슬리가 쓴 유명한 찬송시 〈만 입이 내게 있으면〉을 생각해 보자. 이 찬송시는 이렇게 이어진다.

내 죄의 권세 깨뜨려 그 결박 푸시고
이 추한 맘을 피로써 곧 정케 하셨네(새찬송가 23장 4절).

"죄의 권세 깨뜨려"(cancelled sin)라는 가사에서 보듯이 죄의 세력을 꺾는다는 말은 매우 중요하다. 이 말 한마디에 해방과 용서의 개념이 함께 들어 있기 때문이다. "권세가 깨뜨려진 죄", 즉 "취하된 죄"는 기본적으로 용서받은 죄다.

그러나 펠라기우스는 죄를 전혀 다르게 이해한다. 그의 사상에서는 "죄를 향해 치닫는 인간의 성향"이라는 개념을 찾아볼 수 없다. 자기 개선을 지향하는 인간의 능력은 전혀 훼손되거나 손상될 수 없다. 인간은 하나님과 이웃을 향하여 마땅히 져야 할 의무를 언제든 이행할 수 있고, 그렇게 하지 않는 것은 어떤 이유로든 변명할 수 없다. 죄는 하나님을 거슬러서 고의적으로 저질러진 행위다.

이렇다 보니 펠라기우스주의는 엄격한 도덕적 권위주의처럼 보인다. 도덕적 권위주의란 인간은 무죄해야 할 의무가 있고, 실패에 대해서 어떤 변명도 늘어놓지 못한다는 주장이다. 인류는 죄 없이 태어났고, 인간은 생각해서 결정한 행동을 취하는 것으로만 죄를 짓는다 (펠라기우스는 실제로 많은 구약 인물이 무죄하다고 주장한다). 도덕적으로 온전한 사람만이 교회에 들어올 수 있다는 것이 펠라기우스의 주장이다. 반면 아우구스티누스는 교회를 병원, 즉 타락한 인간이 회복되어 은혜를 통해 성령 안에서 서서히 성장하는 병원으로 보았다. 여기에서 우리는 타락한 인간 본성에 대한 그의 개념을 엿볼 수 있다.

### 은혜에 대한 이해

아우구스티누스가 가장 좋아하는 성경 구절은 "나를 떠나서는 너희가 아무것도 할 수 없음이라"(요 15:5)다. 그는 인간이란 구원받기 위해 삶의 시작부터 끝까지 전적으로 하나님을 의존해야 하는 존재라고 보았다. 아우구스티누스는 **천부적인 인간의 능력**, 즉 천부적으로 인간에게 부여된 능력과 **부가적이고 특별한 은혜의 은사**를 주의 깊게 구별했다. 하나님은 우리를 자연 상태, 즉 죄에 의해 무력해져 자신을 구원할 수 없는 상태에 내버려두지 않으시고, 은혜를 베푸셔서 치유받고 용서받으며 회복될 수 있게 하신다.

아우구스티누스는 인간 본성이 깨지기 쉽고 연약하며 길을 잃었다고 생각했다. 따라서 회복되고 새로워지기 위해서는 하나님의 도우심과 간섭이 필요하다. 아우구스티누스에 따르면, 은혜는 인간을 향해 하나님이 베푸시는 관대하고 대가 없는 호의인데, 이 은혜를 통해 치유가 일어난다. 인간성은 하나님의 은혜, 풍성하게 부어주시는 그 은혜를 통해 변화되어야 한다.

반면 펠라기우스는 두 가지 면에서 "은혜"라는 용어를 다르게 사용했다. 첫째, 은혜를 **자연적인 인간 능력**으로 이해했다. 펠라기우스가 보기에 인간의 능력은 어떤 식으로도 타락하거나 무능해지거나 혼잡스러워지지 않았다. 하나님이 인간에게 활용하라고 주신 것이기 때문이다.

인간이 은혜를 통하여 얼마든지 무죄 상태를 선택할 수 있다는 펠라기우스의 주장은 인간에게 자연적인 이성과 의지 능력이 있기 때문에 죄를 피할 수 있다는 뜻이다. 물론 아우구스티누스가 곧 반박했듯이 신약은 은혜를 그렇게 이해하지 않는다.

둘째, 펠라기우스는 은혜를 하나님이 인간에게 주시는 깨우침으로 보았다. 펠라기우스는 이런 깨우침의 예를 여럿 열거한다. 예를 들면, 십계명과 예수 그리스도의 도덕적인 가르침이다. 은혜는 우리에게 도덕적인 의무가 무엇인지 일러 주지만(그렇지 않으면, 도덕적 의무에 대해 알 길이 없다), 그것을 이행하도록 도와주지는 않는다. 그리스도의 가르침과 모범을 통해 우리는 죄를 피할 수 있다. 그러나 아우구스티누스가 지적하듯이, "이러한 이해는 율법과 가르침을 하나님의 은혜라고 말하는 처사"다.

신약은 은혜를 일종의 도덕적인 충고 정도가 아니라 인간에게 주신 하나님의 도우심으로 설명한다. 펠라기우스에게 은혜는 **외적이고 수동적**이다. 우리 바깥에 있는 것이다. 그러나 아우구스티누스는 은혜를 우리 안에 계셔서 그리스도 안에서 우리를 변화시키며, 실제적이고 구원하는 힘을 지닌 하나님의 임재로 이해한다. 곧 **내적이고 능동적인 것**이다.

펠라기우스에 따르면, 인간을 지으신 하나님은 선과 악에 대한 정보를 주셨다. 그러시고는 최후의 심판 외에는 더 이상 인간사에 간섭하지 않으신다. 그날이 되면 각자 도덕적 책무를 얼마나 완수했는지에 따라 심판을 받는다. 도덕적 책무를 다하지 못하면 영원한 형벌을 받는다. 펠라기우스가 그토록 도덕적 완전을 호소하는 것도 이 부분에서 실패한 자들에게 쏟아질 무서운 운명을 피하고자 하는 마음에서다. 그러나 아우구스티누스가 이해한 인간은 하나님이 선하게 지으셨으나 그분에게서 멀어진 존재다. 하나님은 타락한 인간을 순전히 은혜로 그 운명에서 구하기 위해 오셨다. 우리를 치유하시고, 일깨우시며, 힘주시고, 자기에게 돌아오게 하시려고 끊임없이 우리 안에서 역사하시는 등 우리를 도우신다.

펠라기우스가 보기에 인간은 그저 무엇을 해야 할지 보여주기만 하면 된다. 그리고 아무런 도움 없이 그것을 성취할 수 있도록 내버려두어야 한다. 그러나 아우구스티누스가 보기에는 인간에게 무엇을 해야 할지 보여준 다음, 그 일의 성취는 고사하고 접근이라도 제대로 하도록 단계마다 자상하게 도와주어야 한다.

## 칭의의 근거에 대한 이해

아우구스티누스는 인간이 은혜로 말미암아 의롭다 함을 받는다고 생각했다. 인간의 선행 역시 타락한 인간성 안에서 역사하시는 하나님으로 비롯되는 것이다. 구원으로 이끄는 모든 것은 값을 매길 수 없고 공로로는 얻지 못하는 하나님의 선물이다. 자기 백성을 향하신 사랑에서 일어난 것이다. 은혜에 대한 아우구스티누스의 견해는 자주 위험하다고 평가된다. 사실은 이보다 더 든든한 확신을 주는 것도 없는데 말이다!

우리는 연약하고 깨지기 쉬우며 곧잘 죄를 범하지만, 하나님이 우리 안에서 역사하셔서 우리 힘으로는 도무지 이루지 못할 것을 성취하신다. 하나님은 예수 그리스도의 죽음과 부활을 통해 부패한 인간을 관대하고 파격적으로 대우하신다. 그래서 우리가 받을 수 없는 것(구원)을 우리에게 주시고, 받아야 마땅한 것(정죄)은 주지 않으신다.

이 점에서 아우구스티누스가 포도원 일꾼 비유(마 20:1-10)를 어떻게 주해했는지 살펴보는 것은 매우 중요하다. 펠라기우스는 하나님이 각 사람을 그들의 **공적**, 즉 그들이 **한 일**에 따라 정확하게 보상하신다고 주장했다. 반면, 아우구스티누스는 이 비유가 각자에게 하신 **약속**에 근거하여 보상하심을 나타낸다고 지적한다.

아우구스티누스는 일꾼들이 포도원에서 일한 시간이 같지 않다는 사실을 강조한다. 그런데도 모두 같은 품삯(한 데나리온)을 받았다. 포도원 주인은 고용된 순간부터 해질 무렵까지 일한 사람에게 한 데나리온을 주겠다고 약속했다. 하루 종일 일하든 한 시간만 일하든 품삯은 같다. 아우구스티누스는 여기서 중요한 결론을 이끌어낸다. 칭의의 기반이 되는 것은 우리에게 은혜를 주기로 하신 하나님의 약속이라는 것이다. 자신의 약속에 신실하신 하나님은 죄인을 의롭다 하신다. 주인의 너그러운 약속이 아니라면 해질 무렵에 와서 일을 시작한 일꾼이 하루 품삯을 달라고 요구할 권한이 없듯, 죄인도 하나님의 은혜로운 약속을 믿음으로 받아들이지 않고서는 칭의와 영원한 생명을 요구할 권한이 없다.

반면, 펠라기우스가 보기에 인간은 공적을 근거로 의롭다 함을 얻는다. 인간의 선행은 전적으로 자율적인 자유 의지를 사용하여 하나님이 부과하신 의무를 충실히 이행한 결과다. 이 의무를 다하지 못했을 때 인간은 영원한 형벌을 받을 위험에 처하게 된다. 인간이 의롭다 함을 얻으려면 하나님의 엄격한 요구를 모두 충족시켜야 한다. 예수 그리스도는 그분의 행위와 가르침을 통해 계시하신 만큼만 구원에 관여하신다. 하나님은 각 사람에게도 이것을 요구하신다. 펠라기우스가 "그리스도 안에 있는 구원"을 말한다면, 그것은 "그리스도의 본을 따르는 것으로 얻는 구원"이라는 의미에 지나지 않을 것이다.

네 가지 측면에서 펠라기우스와 아우구스티누스를 대조해 보았다. 하나님이 어떻게 인간을 구원하시는지에 대해 이들의 이해가 전적으로 다르다는 사실을 분명히 확인할 수 있었다. 교회는 지난 수십 세기 동안 아우구스티누스가 바울을 좀 더 정확하게 설명한다고 생각해 왔다. 바로 이 점에서 아우구스티누스가 "은혜의 박사"(독토르 그라티애[doctor gratiae])라고 불리는 것이다.

아우구스티누스의 복음은 은혜로우신 하나님이 죄 된 인간을 구원하시는 데 매우 열정적이시라는 내용을 담고 있다. 한편 펠라기우스의 복음은 그 자체로 매우 합리적으로 보이나, 자세히 들여다볼수록 광신적인 도덕주의일 뿐이라는 것을 알 수 있다. 그런데 펠라기우스의 사상은 각 시기마다 교회에 되살아난다. 되살아난 운동 중에서 가장 주목할 만한 것은 다음 장에서 다룰 종교 개혁 운동기에 일어난 움직임일 것이다.

## 추천 도서

기본적인 자료로는 다음 도서를 보라.
Alister E. McGrath, *Iustitia Dei: A History of the Christian Doctrine of Justification*, 2 vols, Cambridge: Cambridge University Press, 1986, 1:17-36, 51-54, 71-75. 『하나님의 칭의론』, 기독교문서선교회.


아우구스티누스에 관해서 좀 더 자세히 알려면 다음 도서를 보라.
Gerald Bonner, *St. Augustine of Hippo: Life and Controversies*, Philadelphia: Westminster, 1963.
Peter Brown, *Augustine of Hippo: A Biography*, Berkeley: University of California Press, 1967. 『어거스틴 생애와 사상』, 한국장로교출판사.


펠라기우스에 대해 좀 더 자세히 알려면 다음 도서를 보라.
Robert F. Evans, *Pelagius: Inquiries and Reappraisals*, New York: Seabury, 1968.

# 3장

# 종교 개혁

JUSTIFICATION BY FAITH

중세 시대에 칭의 교리에 관해 많은 논의가 있었지만, 일반적으로는 16세기 종교 개혁 논쟁 때 이 교리가 결정적으로 중요하다는 사실이 입증된 것으로 받아들여지고 있다.[1] 이 장에서는 칭의 교리를 이해하는 데 이러한 논쟁들이 기여한 주요 사항을 다룰 것이다. 먼저 중세 시대에 널리 퍼져 있던 칭의에 대한 관점을 살펴보자.

## 칭의에 대한 관점

AD 430년, 아우구스티누스가 사망했다. 야만족이 그가 살던 도시인 북아프리카 히포를 침략하기 바로 직전이었다. 그들은 도시 전체

---

[1] 중세와 종교 개혁 논쟁에 관해서 좀 더 구체적으로 알려면 Alister E. McGrath, *Iustitia Dei: A History of the Christian Doctrine of Justification*, 2 vols.(Cambridge: Cambridge University Press, 1986), 1:37-187을 보라.

를 약탈했지만, 아우구스티누스의 저작물만은 손대지 않았다. 고대 세계가 물러가고 암흑시대가 찾아오면 서구 기독교가 그의 저작에 의존해야 할지도 모른다는 사실을 예측하기라도 한 것처럼 말이다.

유럽에서 암흑시대의 그림자가 걷히기 시작한 11세기 무렵, 중세 신학자들이 지침과 영감의 원천으로 다시 찾은 것이 바로 아우구스티누스의 글이었다. 그 결과, 중세 신학자라면 많든 적든 아우구스티누스에게 영향을 받았다. 이런 의미에서 중세 신학자는 모두 어느 정도 "아우구스티누스주의자"라고 볼 수 있다. 그러나 14, 15세기가 동터 오면서 중세의 아우구스티누스 해석에 의문의 물꼬가 트이기 시작했다.

중세 말기 당시, 널리 통용되던 갖가지 의심스러운 관행들이 있었는데 신학적으로 다분히 명료하지 못한 것들이었다. 한 예로 선행으로 구원을 얻을 수 있다는 주장이 펼쳐지기도 했는데, 이때 선행이란 도덕법을 준수하고 교회의 모든 규례를 지키는 것을 말한다. 루터가 크게 분노했던 면죄부 판매에서 보듯이 적당한 돈을 지불하면 연옥을 면할 수 있다는 생각이 널리 퍼져 있었다. 면죄부 판매업자인 요한 테첼의 유명한 말은 당시 실정을 한마디로 요약해 준다.

헌금 궤에 돈이 쨍그렁 하고 떨어질 때
연옥의 영혼이 솟아오르나니!

그래서 상당한 돈만 있으면 생전에 지은 죄를 용서받고 천당으로 직행하는 것도 가능했다. 그러다 보니 죄 용서가 상품처럼 취급되었다. 적어도 일부 학자들이 아우구스티누스에게 영향을 받고 있었지만 대중에게는 펠라기우스가 훨씬 인기 있었다. 이런 이유 때문에 종교 개혁자들은 이신칭의 교리가 지닌 학문적이고 목회적인 요소를 다시 발견하는 일이 필요하다고 느낀 것이다. 그렇게 해서 마르틴 루터와 관련된 개혁 운동이 바로 그 일을 시도하였다.

중세 후기 교회가 이신칭의 교리에 대해 혼란스러워하고 있었다는 사실을 기억하자. 16세기 초엽에는 수많은 사람이 품은 중대한 질문, 즉 "어떻게 해야 구원받을 수 있는가?"라는 질문에 대해 어느 것이 맞는지 알 수 없을 만큼 대답이 다양했다. 솔직히 말하자면 확신 있는 답이 나오기에는 매우 혼란스러운 시대였다. 젊은 시절 루터가 어떻게 하면 은혜로우신 하나님을 발견할 수 있을지를 두고 극심하게 씨름한 것도 무리가 아니다.

루터를 제대로 이해하려면 그의 신학 배경을 살펴보아야 한다. 우리는 이른바 "학파"가 어떻게 형성되는지 알고 있다. 누군가가 흥미로워 보이는 개념을 내놓으면 일단의 추종자들이 그를 옹위하면서 그의 가르침을 발전시킨다. 인류 사상의 모든 영역에서 이런 일이 일어난다.

지그문트 프로이트가 심리 분석 분야에 끼친 영향을 생각해 보라. 신학 부문에서는 F. D. E. 슐라이어마허와 알브레히트 리츨의 사상을 토대로 세워진 19세기 독일의 자유주의 개신교가 전개된 예가 유명하다. 그때나 지금이나 사상가는 기존 학파에서 일어난다. 처음에는 그 학파의 사상을 받아들이다가 나중에 그것을 극복하는 것이다.

20세기에서 가장 인상 깊은 예를 들자면 스위스 신학자 칼 바르트를 꼽을 수 있다. 바르트는 처음에 자유주의 개신교 학파에 속한 신학자였다. 그러나 로마서를 읽고 1차 세계대전을 겪으면서 그의 사상은 달라졌다. 자유주의 개신교가 하나님과 인간에 대해 형편없이 부족한 생각을 바탕으로 형성되었음을 깨달은 것이다. 그렇게 해서 바르트의 "하나님 재발견"이 시작되었다. 이 사상은 20세기 신학에 엄청난 영향을 끼쳤다.

16세기 초반, 루터에게도 이런 일이 일어났다. 15세기 말 16세기 초에 북유럽 대학들에서 가장 유력한 학파는 "유명론"(nominalism)이라고도 알려진 "비아 모데르나"(*via moderna*, "근대의 길")였다.[2] 이 학파는 중세 후기 내로라하는 신학자들에게도 상당한 영향력을 끼쳤는데, 1505년 같은 도시에 자리 잡고 있던 아우구스티누스 수도회에 들어가기 전 에르푸르트 대학에서 공부한 젊은 루터도 이 학파에 속한다. 당시 대학과 수도회는 모두 비아 모데르나가 휩쓸고 있었다. 따라서 모든 증거를 종합해 볼 때 루터가 1510년대까지 이 학파의 가르침을 따랐음을 알 수 있다.

연구하고 가르치고 이곳저곳을 두루 돌아다니는 기간을 보낸 뒤, 루터는 1521년 비텐베르크 대학에서 성경을 가르치는 교수가 되었다. 그는 이 대학에서 시편(1513-15), 로마서(1515-16), 갈라디아서(1516-17), 히브리서(1517-18)를 강론했다. 이렇게 강론하고 지내던 어

---

2   이 학파에 관한 좀 더 구체적인 정보는 Alister E. McGrath, *The Intellectual Origins of the European Reformation*(New York: Basil Blackwell, 1987), 69-85에 담겨 있다.

느 시점에서 루터는 비아 모데르나의 칭의 신학을 버리고 이신칭의에 관한 새로운 이해를 바탕으로 자신만의 개혁 신학을 구축하였다.

## 루터의 칭의관

이 장에서는 루터의 칭의 교리 발전이 지닌 역사적 중요성을 살펴보고, 그가 개진한 교리의 획기적인 면모에 대해 흔히 제기되는 두 가지 질문을 집중적으로 따져 보려고 한다. 첫째, 루터가 애초에 가지고 있던 칭의관은 무엇이었고, 어떻게 바뀌었는가? 둘째, 언제 이런 변화가 일어났는가?

루터의 초기 칭의관(1514년경까지)은 다음과 같이 요약할 수 있다. 하나님이 인간과 언약 또는 계약(라틴어 "팍툼"[pactum]은 "계약"[contract]이라는 개념을 담고 있다)을 맺으셨다. 이 계약은 효력을 발생하기에 앞서 반드시 충족되어야 할 조건을 가지고 있다.[3] 하나님은 이 조건을 만족시키는 자, 곧 겸손히 믿고 나오는 자를 의롭다 한다고 약속하셨다. 믿음과 겸손은 인간의 몫으로, 하나님의 은혜 없이도 획득할 수 있다. 이 조건이 충족되기만 하면, 하나님은 불의하다고 의혹을 받는 사람을 의롭다 하시는 일을 친히 감당하신다. 인간이 아주 적은 노력

---

3  구체적인 내용은 Alister E. McGrath, *Luther's Theology of the Cross: Martin Luther's Theological Breakthrough*(New York: Basil Blackwell, 1985), 53-63; 85-92를 참조하라. 『루터의 십자가 신학』, 컨콜디아사.

으로도 의롭다 함을 얻을 수 있는 근거를 마련하셨다는 점에서 하나님은 인간에게 은혜로우시다. 그럼에도 분명하고 구체적인 인간의 노력이 필요하다.

여기서 우리는 "하나님의 의" 개념을 떠올린다. 바로 이것이 루터의 논리 전개에서 핵심적인 개념이다. 이 시기에 루터는 "하나님의 의"(이우스티티아 데이[iustitia Dei])를 하나님의 비인격적인 속성쯤으로 생각했다. 즉, 우리를 감독하고 우리와 대립할 뿐 아니라, 칭의의 기본적인 조건을 만족시켰는지를 놓고 공정하게 우리를 판단하시는 그런 성품 말이다. 조건을 만족시키면 의롭다고 판결하시고, 그렇지 못하면 정죄하신다. 이런 방식으로 인류를 대하시는 하나님은 전적으로 공정하시다.

믿음과 겸손이라는 조건을 충족시킨 사람이라면, 이 약속을 지킨 사람을 누구나 의롭다 하시겠다는 그분의 약속에 따라 칭의를 요구할 수 있다. 신구약을 막론하고 칭의의 조건은 같다. 비아 모데르나의 신학자들은 하나님이 이 문제에 관하여 특별한 도움을 준다는 것을 상상할 수 없었다. 그렇게 하는 것은 편파적이라고 생각했기 때문이다. 하나님이 어떤 도움도 주시지 않은 상태에서 누구나 같은 조건을 만족시켜야 한다. 루터와 당시 많은 사람들은 인간이 하나님의 은혜 없이 자신을 의롭다고 할 수 있다는 펠라기우스의 주장과 칭의가 크게 다르지 않다고 보았다. 그런데 이 칭의 신학을 반대하기 위해 14세기에 쓰인 중요한 저작이 있다. 바로 『하나님이 펠라기우스주의자를 배척하시는 이유』(The Cause of God against the Modern Pelagians)다.

자신의 노력으로 이 조건을 만족시킬 수 없다면 도대체 어떻게 해야 하는가? 젊은 루터는 자신의 죄성을 처절하게 느낄 뿐 아니라 시간이 지날수록 자신이 그 조건들을 만족시켰는지 확신할 수 없었다. 믿음을 가지라는 요구, 아주 쉽고 대수롭지 않아 보이는 그 요구가 생각보다 쉽지 않음을 알게 되면서 젊은 루터는 점점 좌절로 내몰렸다. 그를 지독히 괴롭힌 질문은 이것이다. "내가 어떻게 은혜로우신 하나님을 만날 수 있을까?"

루터는 믿음과 겸손이라는 두 조건이 칭의를 가능하게 한다고 볼 수 없었다. 하나님이 장님에게 눈을 뜨기만 한다면 수억 원을 주겠다거나 셰익스피어의 시를 줄줄 왼다면 장원에 급제시키겠다고 약속하신 것이나 다름없었다. 약속은 참되지만 부과된 조건이 충족되는 것은 도무지 기대할 수 없는 일이었다. 점차 루터는 현실적으로 칭의가 가능하려면 하나님의 은혜라는 도움이 필요하다고 생각하게 된다.

루터는 "복음에는 하나님의 의가 나타나서"(롬 1:17)라는 구절을 거듭 묵상한다. 그렇지만 "하나님의 의"가 나타나는 것이 왜 복음, 곧 "좋은 소식"인지는 이해할 수 없었다. 그때는 정확하게 알지 못했지만 어느 시점에서인가 그 의미를 깨달은 것 같다. 다행히 어떤 일이 일어났는지 그가 직접 적어놓은 글이 있다.

만년에 루터는 젊은 시절에 겪은 신학적 고민을 간략하게 글로 남겨놓았다.[4] 루터가 배운 "하나님의 의"란 이런 것이다. 하나님은 의로

---

[4] *Luther's Works*, 54 vols,(Philadelphia: Muhlenberg, 1956-76), 34:336-38: McGrath, *Luther's Theology of the Cross*, 95-98.

우시기 때문에 죄인을 심판하신다. 따라서 복음에 "하나님의 의"가 나타난다는 것은 죄인에게 그분의 진노가 쏟아진다는 뜻이다. 그런데 이것이 어떻게 죄인에게 좋은 소식일 수 있는가? 그는 이렇게 말한다.

> 수많은 날 동안 밤낮으로 고민한 끝에 하나님의 자비로 말미암아 그 말씀의 맥락에 주의를 기울일 수 있었다. 다시 말해서 "복음에는 하나님의 의가 나타나서"와 이어서 "오직 의인은 믿음으로 말미암아 살리라"는 말씀의 맥락을 보게 된 것이다. 거기서 나는 하나님의 의란 의인이 살아가도록 하나님이 주신 선물, 곧 믿음임을 알게 되었다. 좀 더 풀어 말하면 이렇다. 복음으로 말미암아 하나님의 의가 나타났다. 다시 말해서 자비로우신 하나님은 수동적 의를 나타내시고 이로써 믿는 우리를 의롭다고 하시는 것이다. 그래서 "오직 의인은 믿음으로 말미암아 살리라"고 선언한다. 이 구절을 보면서 나는 내가 거듭났고 열린 문을 통해 낙원으로 들어왔음을 느꼈다.

이 글은 복음에 나타난 하나님의 의가 **죄인에게 주시는 선물**이라는 사실을 깨달은 감동으로 가득하다. 복음에 계시된 하나님은 우리의 공적을 보고 판결하시는 엄한 재판관이 아니시다. 자비롭고 은혜로우신 분으로 혼자 힘으로는 도무지 얻지 못할 것을 자녀들에게 주시는 분이다.

그러면 루터는 "하나님의 의"로 말미암아 무엇을 깨달았는가? 그는 이어지는 이미지들을 이용해서 의에 관한 그림을 그렸다. 그 의는 하나님이 우리에게 주신 것으로, 여전히 우리 바깥에 있다. 마치 암탉이 날개로 병아리를 품듯이, 하나님은 우리를 "외래적 의"(alien righteousness)로 옷 입히신다. 우리에게 주어졌지만 결코 우리가 획득하지는 못하는 것이다. 우리는 의로워진 죄인으로 하나님 앞에 선다. 결코 우리 자신의 것은 아니지만 하나님이 주신 의를 옷 입은 채 말이다.

하나님과 우리의 의로운 관계, 즉 그분이 우리에게 주신 믿음을 통하여 "하나님과 올바른 관계"를 맺게 되었다는 사실은 우리를 의롭게 하려는 우리 자신의 노력이 아니라 궁극적으로 하나님의 압도하는 은혜로 말미암는다. "오직 믿음으로 의롭다 함을 얻다"라는 위대한 주제이자 루터 신학의 진수는, 매우 죄 되고 무능하여 자신의 힘으로는 의롭다 할 수 없는 인간성을 확언할 뿐 아니라 하나님의 은혜로우심과 관대하심을 한껏 높인다. 칭의 문제에서 우리는 수동적이고 하나님은 능동적이시다. 은혜는 주고, 믿음은 감격하며 받는다. 그리고 우리는 믿음조차도 하나님의 은혜로운 선물로 보아야 한다.

"이신칭의"는 우리에게 주신 선물인 "믿음"을 통해 은혜 안에서 우리를 의롭다 하시는 분이 하나님임을 공표한다. 루터가 "인간의 행위(믿음)로 의롭다 하심을 얻는다"고 가르쳤다는 말은 그의 이신칭의 교리에 나타난 요점 전체를 놓치는 것이다. 우리가 믿음을 통하여 의롭게 된다고 할 때, 그 믿음조차도 하나님의 선물이다!

루터는 "하나님의 의"에 대한 이해를 그리스도와 신자 사이에 일어난 "놀라운 교환"이라는 말로 서술한다. 그는 혼인에 비유하여 그리스도와 신자가 믿음을 통해 연합되었다고 주장한다. 그리스도는 믿는 자에게 자기 의를 수여하시고, 믿는 자의 죄는 그리스도에게 전가되었다. 그래서 루터는 "붙드는 믿음"(피데스 아프레헨시바[fides apprehensiva]), 곧 그리스도를 붙들고 신자 개인과 그리스도가 연합하여 결국 놀라운 성품의 교환이 이루어지게 하는 믿음을 말한다.

루터는 칭의란 하나님 앞에서 개인의 지위가 변화하는 것이지 근본적으로 본성이 변화하는 것은 아니라고 주장한다. 그러므로 신자는 믿음으로 의로워질지라도 여전히 죄인으로 남아 있다. 신자는 "의롭기도 하고 죄인이기도 한 존재"(시물 이우스투스 에트 페카톨[simul iustus et peccator])라는 루터의 유명한 주장은 이런 시각에서 나온 것이다.

## 그리스도로 인하여 믿음을 통한 칭의

종교 개혁은 여러 면에서 바울 서신의 재발견, 특히 믿음을 통하여 은혜로 말미암는 칭의 교리의 재발견이라고 말할 수 있다. 종교 개혁이 칭의에 던진 통찰은 종종 "오직 믿음"(솔라 피데[sola fide])으로 요약된다. 그러나 사실 "그리스도로 인하여 믿음을 통한(페르 피뎀 프롭테르 크리스툼[per fidem propter Christum]) 칭의"라는 표어가 훨씬 잘 요약하고 있다.

개혁자들에게 칭의는 우리가 하는 어떤 일에도 근거하지 않는다.

그리스도의 사역에 근거한다. 우리는 믿음을 통하여 이 사실을 수동적으로 받아들일 때 의롭다 하심을 얻는다. 칼빈이 간파하였듯이, 믿음은 그리스도라는 보화를 담고 있는 질그릇이다. 칭의의 문제에서 우리는 수동적이고 하나님은 능동적이다. 우리가 "그리스도를 믿고 영접하게 하는" 믿음조차도 하나님의 역사다.

이 핵심은 개신교의 영성, 즉 **확신**이라는 개념과 관련하여 매우 중요하다. 루터와 칼빈에게는 신자가 어떻게 자신의 칭의를 알고 확신 가운데 안도할 수 있는지가 아주 중요한 문제였다. 그리스도인의 삶과 거기에서 파생하는 모든 윤리적이고 영적인 결과는, 진정으로 그리스도인으로서의 삶이 시작되었는지를 아는 지식에 달려 있다. 어떤 면에서든 칭의가 자신에게 달려 있지 않기 때문에 신자는 자기가 의롭다 하심을 얻었음을 알고 확신 가운데 안도할 수 있다.

그리스도인의 삶의 기초를 세우신 분은 하나님이다. 그리스도인은 그리스도 안에 있는 새 생명이 낳는 윤리적, 정치적, 영적인 결과를 살펴보면서 이 사실 위에 굳건히 설 수 있다. 간단히 말해서 종교 개혁자들에게 이신칭의 교리는 **안전 교리**와 다를 바 없었다. 이들이 주장한 법정적 칭의 개념은 주입된 의(infused righteousness)든, 분여된 의(imparted righteousness)든, 본래적 의(inherent righteousness)든, 아우구스티누스가 주장한 의 개념보다 그리스도인의 삶의 기초를 훨씬 안전하게 세워주었다.

종교 개혁자의 이신칭의 교리에는 늘 따라붙는 오해가 있다. 바로 우리가 믿기 때문에 의롭다 하심을 받는다는 생각이다. 다시 말해서 믿기로 작정한 쪽은 우리이고 이런 작정 때문에 칭의가 이루어진다고 이해하는 것이다. 이때 믿음은 인간 행위, 즉 우리가 하는 어떤 행위로 이해된다. 그리고 우리는 이 일을 근거로 의롭다 하심을 받는다! 실제로 훗날 이런 교리가 등장하기도 했다. 특히 이런 개념은 ("그리스도로 인하여 믿음을 통한 칭의"가 아니라) "그리스도를 통하여 믿음으로 인한 칭의"(프롭테르 피뎀 페르 크리스툼[propter fidem per Christum])를 주장하는 17세기 아르미니우스주의(Arminianism)에서 발견된다.

종교 개혁의 이신칭의 교리는 하나님의 역사하심과 인간의 수동성을 천명하였다. 믿음은 우리가 행하는 일이 아니라, 우리 안에서 이루어진 신적인 일이다. 칼빈에 따르면 "믿음은 성령님의 주된 사역"이다. 그리스도와 그분의 모든 공로를 받는 통로가 바로 믿음이다. 칼빈은 그리스도가 입혀주시는 공로란, "죄 없으신 그리스도를 통하여 하나님과 화해시켜주는 것"과 "그리스도의 성령으로 말미암아 거룩해지는 것"이라고 요약했다.

이런 각성이 적혀 있는 유명한 글 가운데 하나가 존 웨슬리의 1738년 5월 24일 일기다. 하나님께 살아 있는 믿음을 어떻게 가질 수 있는지를 오랫동안 번민한 그는 믿음이란 획득해야 할 것이 아니라 하나님이 우리에게 주시는 것임을 깨닫고, 자신에게 찾아온 변화를 이렇게 묘사했다.

그날 밤 나는 마지못해 올더스게이트 가(Aldersgate Street)에서 열리는 집회에 참석했다. 누군가가 루터의 로마서 주석 서문을 읽었다. 8시

30분경으로 기억한다. 그는 그리스도 안에서 믿음을 통하여 우리 마음에 역사하시는 하나님이 어떤 변화를 일으키시는지 서술하였다. 그때 난 마음이 이상하게 뜨거워짐을 느꼈다. 그리스도를 의지하고, 오직 그리스도만이 구원을 주시며, 그분이 내 죄를 없애시고, 죄와 죽음의 법에서 나를 구원하셨음이 마음으로 믿어졌다.[5]

루터는 구원을 선물로 인식해야 한다고 강조했기 때문에, 복음의 이러한 측면을 제대로 다루지 못하는 신학에 대해서 의심의 눈초리를 늦추지 않았다. 처음에는 루터가 주로 자신이 속했던 학파인 비아 모데르나를 공격하는 것처럼 보였다. 그러나 이 학파뿐 아니라 당시 교회 전체가 펠라기우스의 이단에 빠져 있다고 확신한 루터는 교리 개혁 운동으로 나가지 않을 수 없었다. 이 운동은 걷잡을 수 없이 퍼져 나갔다.

종교 개혁의 중심 주제("오직 은혜"[솔라 그라티아, *sola gratia*], "오직 믿음"[솔라 피데, *sola fide*], "오직 그리스도"[솔리 크리스토, *soli christo*]라는 표어에서도 잘 천명되지만)는 하나님의 은혜로우심이다. 루터에게 하나님의 은혜의 복음을 희석하는 것은 기독교의 진수를 파괴하는 것과 같았다. 이신칭의 교리를 "교회를 서게도 하고 무너지게도 하는 조항"으로 보았기 때문이다.

1535년, 루터는 슈말칼덴 조항(Schmalkald Articles)에서 칭의 교리에

---

[5] Charles W. Carter, ed., *A Contemporary Wesleyan Theology*(Grand Rapids: Zondervan, 1983), 344에서 인용함.

관해 이렇게 밝힌다. "이 조항에서 어느 하나도 포기되거나 수정될 수 없다. …… 우리가 교황과 마귀, 이 세상을 거슬러 가르치고 실천했던 모든 사항은 이 조항에 기초한다." 복음의 이 중심 요소를 희석했기 때문에 교회는 스스로 "하나님의 교회"라고 칭할 권한을 잃었다. 그래서 루터는 바른 신학적 토대를 회복하기 위해 이 "교회"를 깨뜨리면서도 조금도 가책을 받지 않은 것이다. 즉, 루터는 교회론적인 논제를 가지고 당시 교회를 논박한 것이 아니라 값없는 은혜의 복음을 희석시킨 교회가 펠라기우스주의라는 이단에 빠졌다는 논지로 교회를 힐난한 것임을 짚고 넘어가야 한다.

이 확신을 발판으로 독일 종교 개혁이 일어났다. 처음에는 비텐베르크 대학 신학과 교수진에서 논의되던 이 문제는 1520년대에 들어와서 대중의 지지를 얻게 된다. 그러나 루터는 조직신학자가 아니었다. 그는 신학 교과서가 아니라 구체적인 필요에 의해서 책을 쓰길 좋아했다. 그래서 칭의 교리를 이론적으로 정밀하게 구축하는 작업은 다른 사람에게 넘겨졌다. 그가 바로 1530년에 발표된 아우크스부르크 신앙고백의 초안 작성자인 멜란히톤이다. 멜란히톤과 같은 그의 동료들이 루터의 칭의 교리를 어느 정도 수정했는데,[6] 이런 전개 상황에 대해서는 신중하게 살펴봐야 한다.

---

6 자세한 사항은 McGrath, *Iustitia Dei*, 2:20-32를 보라.

## 칭의 교리의 발전

앞서 우리는 "외래적 의"라는 개념을 살펴보았다. 칭의로 얻은 의는 우리의 일부가 아니며, 지금도 앞으로도 우리 밖에서 우리에게 주어지는 것이라는 주장이다. 찰스 웨슬리의 유명한 시구(詩句)도 이 생각을 드러낸다.

이제는 정죄를 두려워하지 않네.
예수, 그분 안에 있는 모든 것이 내 것일세!
나의 머리 되신 그분 안에 살아 있고
거룩한 의로 옷 입었네.

루터는 우리 밖에 있는 "의"라는 개념을 이해하는 것을 통해 의가 우리 존재의 일부라는 인상을 조금이라도 남긴 아우구스티누스를 넘어서려고 했다. 루터와 아우구스티누스는 우리를 의롭다 하는 의가 하나님에게서 주어지는 것이지, 우리 자신이 획득할 수 있는 것이 아니라는 점에서 동의한다. 그러나 의의 **본질**에 대해서는 서로 생각이 달랐다. 아우구스티누스가 보기에 의롭다 하시는 의는 **내적인** 의, 하나님이 우리 안에서 일하셔서 만들어지는 것이다. 반면 루터에게 의는 **외적**이고, 하나님이 우리 밖에서 일하셔서 만들어지는 것이다. 그리고 이 "외적인 의" 또는 "외래적 의"라는 개념이 발전하여 결국에는 **법정적 칭의**라는 개신교 특유의 칭의관이 성립된다. 멜란히톤과 칼빈이 이 개념을 발전시켰다.

멜란히톤은 칭의를 이렇게 정의한다. "의롭다 하심을 받는다는 말은 경건하지 않은 사람이 의롭게 된다는 뜻이 아니다. 오히려 경건하지 않은 사람이 **법정적인 의미에서 의롭다고 선언될** 뿐이다." 아우구스티누스는 라틴어 동사 "이우스티피카레"(*iustificare*, 의롭게 하다)를 "이우스툼 파체레"(*iustum facere*, 의로운 사람으로 삼다)로 해석했지만, 멜란히톤은 이 개념을 배척했다. 즉, 칭의는 **의로운 사람이 되는 것**이 아니라 **의로운 사람이라고 선언 또는 공표하는 것**과 관련 있다는 것이다. 이와 비슷하게 칼빈은 칭의를 "죄의 면죄와 그리스도의 의의 전가"라고 정의했다. **칭의**와 **성화**(또는 중생)가 구별되었다. 칭의는 하나님이 우리 밖에서 하시는 일이요, 성화는 우리 안에서 하시는 일인 것이다.

결과적으로 멜란히톤과 칼빈은 아우구스티누스와 젊은 시절의 루터가 하나로 여긴 것을 두 측면으로 나누었다. 아우구스티누스는 칭의가 의로운 사람으로 여겨지는 "사건"과 실제로 의로운 사람으로 변화하는 "과정"을 포함하여 그리스도인의 모든 실존을 포괄한다고 가르쳤다. 그러나 멜란히톤과 칼빈에게 **사건**(칭의)과 **과정**(성화)은 구별될 수 있고, 반드시 구별해야 할 것이었다. 죄 용서와 성령의 새롭게 하시는 은사는 논리적으로 따로 다루어야 했다.

## 칭의와 성화

왜 이러한 구별을 소개해야 하는가? 그리고 그 의미는 무엇인가?[7] 이 점을 이해하려면 울리히 츠빙글리와 마르틴 부처의 칭의관을 살펴봐야 한다. 초기 개혁 신학자인 두 사람은 존 칼빈이 등장하기 전까지 각광을 받고 있었다. 많은 사람이 종종 간과하는 사실 하나가 있는데, 바로 초기 개혁 신학이 매우 도덕주의적이었다는 것이다.

츠빙글리의 주된 관심사는 당시 교회의 도덕률과 구조, 관행의 변혁, 그리고 그것들을 성경의 가르침과 하나 되게 하는 것이었다. 그는 기독교 도덕이란 예수 그리스도가 보여주신 본을 따르는 것이고, 칭의란 그리스도를 닮는 결과라고 주장했다(이런 사상은 이미 로테르담의 에라스무스의 글에서 찾아볼 수 있다). **개인의 도덕적 중생이 칭의의 원동력인 것이다.**

따라서 초기 개혁 신학자들은 칭의에 대한 루터의 가르침을 신중하게 다루었는데, 그들에게 루터의 가르침은 종교와 도덕의 연속성을 깨뜨리는 것처럼 보였다(정말 잘못된 일이지만, 실제로 그런 일이 일어나기도 했다). 루터는 죄인이 자기 공로나 중생, 도덕적인 품성 없이도 의롭다 하심을 얻는다고 주장했기 때문이다.

반면, 츠빙글리의 가르침을 비판하는 사람들에게는 사람이 자기 업적(츠빙글리 식으로 말하자면 "도덕적 중생"인데, 이것은 누가 보아도 인간의 업적을

---

7  관련 토의 문제를 보려면 McGrath, *Iustitia Dei*, 2:32-39를 보라.

말한다)을 근거로 의롭다 하심을 얻는다는 주장이 업적적 칭의관에 지나지 않는 것으로 보였다(이렇게 본 것은 옳다). 더욱이 그들에게는 츠빙글리의 칭의 신학에서 그리스도는 외면적인 양태, 즉 우리가 따라야 할 도덕적인 본을 제시하고, 우리가 그것을 행했을 때 의롭다 함을 주시는 방식으로만 개입하시는 것처럼 보였다(이렇게 본 것도 옳다).

그러나 루터에 따르면 그리스도는 믿는 자 안에 거하기 위해 오시고, 내적으로 그에게 개입하신다. 그래서 칭의에 관한 개혁주의의 가르침을 명확하게 구별하기 위해 다음과 같은 몇 가지 요소가 유지되고 있는지를 반드시 확인하도록 했다.

1. 하나님과 우리가 화해를 이루었다는 전적인 관대한 은혜(gratuity)를 강조해야 한다.
2. 중생과 선행의 중요성을 강조해야 한다.
3. 그리스도가 전 과정에 **내적으로** 개입하셔야 한다.

이 어려운 문제를 명쾌하게 푼 것은 칼빈의 천재성 덕분이다. 그의 해법이 얼마나 뛰어났던지 루터가 이 문제에 관하여 칼빈과 약간 의견이 달랐는데도 루터파 신학자들조차 칼빈의 견해를 채택했을 정도다. 칼빈은 이렇게 논증을 전개했다. 복음은 우리가 예수 그리스도를 만나 그분과 연합되는 일에 관한 것이다. 우리가 하나님께 받은 것은 잡다한 선물이 아니라 고귀하고 고상한 한 가지 선물이다. 바로 예수 그리스도의 은혜로운 내주하심이다.

이렇게 주장하면서 칼빈은 믿는 이가 부활하신 그리스도의 생명과 연합한다는 신약적 관점을 거침없이 개진하였다. 그리고 그리스도를 단순히 **외적**인 방식이 아니라 **내적**인 방식에서 믿음의 생활과 연결 지었다. 이렇게 그리스도를 만나기 위해서는 새로운 피조물로 거듭나야 한다(고후 5:17).

이와 같이 그리스도와 연합하면 두 가지 중요한 결과가 나온다. 칼빈은 고린도전서 6장 11절을 근거로 그 두 가지를 칭의와 성화의 "이중 은혜"라고 불렀다. 이 두 가지는 우리가 그리스도와 연합했음을 보여주는 것으로 우리에게 동시에 수여된다. 그러므로 이 둘은 그리스도와 연합하는 것에서 분리될 수 없고, 어느 하나를 다른 하나에서 떼어놓을 수도 없다. 다시 말해 그리스도와 연합함을 떠나서는 칭의도, 성화도 헛소리일 뿐이다. 게다가 칭의는 성화 없이 따로 존재하지 않는다. 이 둘은 함께 동시에 수여되기 때문이다. 칼빈의 글에서 발췌한 긴 문장이 이 사실을 철저하게 밝혀준다.

그리스도는 "우리에게 지혜와 의로움과 거룩함과 구원함"이 되셨다(고전 1:30). 그러므로 그리스도는 의롭게 하시고 또한 거룩하게 하신다. 이 축복들은 나뉠 수 없는 하나로 영원히 묶여 있다. 그리스도께서는 그분의 지혜로 눈을 밝히신 자들을 구원하시고, 구원하신 자들을 의롭다 하시고, 의롭다 하신 자들을 거룩하게 하신다. 그러나 칭의와 성화에 관한 문제라면 좀 더 정확하게 말해야 할 것 같다. 물론 칭의와 성화를 나누어 말할 수 있다. 그렇지만 이 둘은 그리스도와 떼려야 뗄 수 없게 연결되어 있다. 그리스도 안에서 칭의를 얻고자 하는가? 그러기 위해서는 먼저 그리스도를 소유해야 한다. 그러나 그분의 거룩함에 참여하는 자가 되지 않고서는 그분을 소유할 수 없다. 그리스도는 나뉘지 않으시기 때문이다. 따라서 주님은 그분 자신을 소유하지 않으면 동시에 한꺼번에 베푸시는 축복, 어느 하나 없이는 다른 하나가 있을 수 없는 이 축복들을 누릴 수 없게 하신다. 그러므로 우리 밖에서나 공로로 말미암아서가 아니라 그리스도에 참여함으로 의롭다 하심을 얻는 바, 칭의는 물론 성화까지 얻음은 참으로 진리다.[8]

다시 말해 칭의와 성화는 **구별될** 수 있지만, **분리될** 수는 없다. 구원을 일으키는 그리스도와의 만남과 연합은 전적으로 값이 없고 공적에 바탕을 둔 것이 아니라는 점에서 칭의는 베풀어져 유지되는 것이다. 이 점은 그리스도와의 연합과 성화라는 떼려야 뗄 수 없는 연결이 중생과 성화 둘 모두의 필요를 인정하는 것과 같다. 칭의는 여전히 하나님의 외적인 선언, 즉 우리가 그분 보시기에 옳다는 외적인 공포(公布)에 머문다. 그렇지만 이 공포는 우리 안에 살아 계신 그리스도의 임재를 바탕으로 발효된다.

칭의와 성화를 구별하는 것은 상당한 혼선을 일으켰다. 교회가 1,500년 넘게 "칭의"라고 여겨 오던 것이 이제 둘로 나뉘었다. 그러

---

[8] John Calvin, *Institutes of the Christian Religion*, trans. Henry Beveridge, 2 vols.(Grand Rapids: Eerdmans, 1975), 2:99. 『기독교강요』.

면서도 그 한 부분은 여전히 "칭의"라고 불린다! 현실적으로 볼 때 우리는 개인이 부활하신 그리스도를 창조적이고 구속적인 방식으로 만난다거나(아우구스티누스와 젊은 시절의 루터가 펼친 개념이자, 이 책의 이론적인 부분에서도 제시한 개념), 믿는 이가 바르게 되었다는 선언으로 성화와 중생에 관련지어(그러나 그것들과 구분해서!) "칭의"라는 용어를 쓸 수 있게 되었다. 중요한 점은 우리가 어느 개념을 쓰고 있는지 아는 것이다. 특히 다른 사람과 이런 문제를 놓고 토론을 벌일 때는 잘 알아야 한다. 같은 용어를 다르게 정의해서 의견차가 생기는 경우도 있기 때문이다.

한걸음 더 나아가서는 확신의 근거와 관련된다. 이것은 츠빙글리와 칼빈을 비교하면 금방 알 수 있다. 츠빙글리는 인간의 도덕적인 중생 때문에 칭의가 일어난다고 말한다. 하나님이 인간의 도덕적인 중생을 인정하시는 것이다. 그래서 확신의 근거는 각 사람, 즉 칭의를 얻을 만큼 충분히 중생했음을 확신할 의무를 가진 개인에게 있다(여기서 "얻을 만큼"이라는 구절은 미묘하기 짝이 없다. 결국 츠빙글리는 행위로 말미암은 칭의를 말하는 것일까?).

그러나 칼빈이 보기에 의롭다 하는 역사는 하나님의 은혜로운 사역으로 말미암아 신자 밖에서 일어난다. 그러므로 신자는 그리스도인으로 살아가는 데 필요한 모든 조건을 하나님이 이루신다는 확신을 가질 수 있다(츠빙글리에게 이런 확신은 어림없는 것이다). 이런 확신이 있으면 신자는 그리스도인으로서 삶에 집중할 수 있게 된다.

앞서 말했지만, "그리스도의 의의 전가"라는 개념은 신중하고 자세히 다루어야 할 개념이다. 멜란히톤과 칼빈과 같은 후기 개혁자들에게 칭의의 기반은 그리스도의 의, 즉 그분이 삶과 죽음을 통해 하나님께 순종하셔서 얻은 의다. 그렇지만 이 의는 우리에게 언제나 외래적이고 외적이다. 본질적으로 우리는 하나님이 우리에게 칭의 판결을 내릴 만큼 충분한 의를 소유하고 있지 않다. 그리스도의 의가 우리에게 "전가"된다. 다른 말로 하자면 그분의 의가 마치 우리 소유인 것처럼, 우리 것으로 여겨지는 것처럼 처리되는 것이다. 그러면서도 그 의는 결코 우리 것이 **되지 않는다**.

성화(우리는 성화되면서 실제로 점점 의로운 사람이 된다) 과정은 이처럼 거룩한 의의 보호 아래 시작되고 발전한다. 앞서 언급했지만 종교 개혁에서 말하는 확신 교리는 칭의와 의롭게 하는 믿음에 대한 이런 이해와 밀접하게 연결되어 있다. 우리를 의롭게 하는 기반인 의와, 그 의가 전가되는 통로인 믿음, 이 두 가지를 제공하시는 분은 하나님이다. 그렇기 때문에 우리의 칭의를 위해 필요한 모든 것이 이미 완벽하게 구비되었다고 굳게 확신할 수 있다.

의롭다 함을 주는 의의 본질에 대한 개혁 신학의 이해와 아우구스티누스 또는 트리엔트 공의회의 이해를 구별하는 좋은 방법은 **분해적이고 조합적인** 하나님의 판단이라는 개념을 동원하는 것이다. 아우구스티누스가 보기에 우리를 의롭다 하는 근거가 되는 의는 하나님의 은혜로운 사역을 통해 이미 우리 안에 있다. 그래서 하나님은 우리를 의롭다 하시기 위해서 이미 우리 안에 있는 것을 **분해하신다**. 그러나 멜란히톤과 칼빈이 보기에 하나님이 의롭다 칭하시도록 판단하는 근거로 기능하는 의란 우리 안에 존재하지 않는다. 따라서 하나님이 친히 이 의를 **조합하신다**.

16세기 논쟁에서 중요한 요인은, 히브리어를 새롭게 통찰하여 구약 칭의 개념의 법정적 배경을 새롭게 의식했다는 점이다. 아우구스티누스와 중세 신학자들은 라틴어 구약 역본에 의지하였다. 반면 16세기 개혁자들은 히브리 원어를 파고들었다. "칭의"(의롭다고 선언되는 일)와 "성화"(실제로 의로워지는 일)를 구별하게 된 것도 크게는 이런 언어 연구 덕택이다.

물론 개혁자들은 이 둘을 나눌 수 있다고, 그래서 의로워지지 않으면서도 의롭다고 선언받을 수 있다고는 생각하지 않았다! 그들은 아우구스티누스가 "칭의"라고 말할 때 잘못 해석한 부분에 주목하면서, 이 오류를 바로잡고자 하였다. 그러나 개혁자들의 대적인 로마 가톨릭은 개혁자들이 마치 의롭다고 선언받은 죄인은 중생하지 않아도 된다고 주장하는 것처럼 곡해하였고, 그 결과로 법정적 칭의 교리를 비난하였다.

내재하는 의로 말미암는 칭의를 주장한 안드레아스 오지안더의 견해를 둘러싸고 격론이 벌어지면서 칭의와 의롭게 하는 의의 본질에 대한 개신교의 견해는 더욱 공고해졌다. 그 결과 1540년경에는 개신교의 칭의 교리가 네 가지 특징을 갖추게 되었다.

1. 칭의는 그리스도인이 의롭다는 법정적 **선언**이다. 이것은 그리스도인이 **실제로 의로워지는** 과정이 아니다. **본성**이 아니라 **신분**의 변화가 포함된다.

2. 칭의(믿는 자를 의롭다고 선언하시는 하나님의 외적인 사역)와 성화 또는 중생(성령으로 말미암아 새롭게 되는 내적 과정)을 주도면밀하고 조직적으로 구별한다.

3. 의롭다 하시는 의는 외래적 의로서, 믿는 자 외부에서 그에게 전가된다. 이 의는 믿는 자에게 생래적으로 내재하거나, 그 안에 있거나, 어떤 방식으로든 그에게 속한 것이 아니다.

4. 칭의는 "그리스도로 인하여 믿음을 통해" 일어난다. 여기서 믿음은 하나님이 주시는 칭의의 방편이자, 칭의의 기반인 그리스도의 공로로 이해된다.

## 추 천 도 서

종교 개혁기에 칭의 교리가 어떻게 전개되었는지 알고 싶다면 다음 도서를 참고하라.

Alister E. McGrath. *Iustitia Dei: A History of the Christian Doctrine of Justification*, 2 vols. Cambridge: Cambridge University Press, 1986. 2:1-53. 『하나님의 칭의론』, 기독교문서선교회.


좀 더 일반적인 책은 다음과 같다.

Paul Althaus. *The Theology of Martin Luther*. Philadelphia: Fortress, 1966.

Roland H. Bainton. *Here I Stand: A Life of Martin Luther*. New York: Scribner, 1950. 『마르틴 루터의 생애』, 생명의말씀사.

Wilhelm Dantine. *The Justification of the Ungodly*. St. Louis: Concordia, 1968.

Gerhard O. Forde. *Justification by Faith-A Matter of Death and Life*. Philadelphia: Fortress, 1982.

Alister E. McGrath. *Luther's Theology of the Cross: Martin Luther's Theological Breakthrough*. New York: Basil Blackwell, 1985. 『루터의 십자가 신학』, 컨콜디아사.

_____. *The Intellectual Origins of the European Reformation*. New York: Basil Blackwell, 1987. 32-122.

_____. *Reformation Thought: An Introduction*. New York: Basil Blackwell, 1988. 67-94. 『종교 개혁 사상』, 기독교문서선교회.

Jaroslav Pelikan. *The Christian Tradition: A History of the Development of Doctrine: 4. Reformation of Church and Dogma*(1300-1700). Chicago and London: University of Chicago Press, 1984. 127-82.

# 4장

# 개신교와 가톨릭의 차이

JUSTIFICATION BY FAITH

　　16세기 유럽에서 종교 개혁이 일어난 이후, 수많은 교파가 등장하였다. 이 장에서는 개신교와 가톨릭이 이신칭의에 관해 어떤 견해를 가지고 있었는지 살펴볼 것이다. 이 연구에서는 모든 것을 완전히 다루기보다는 간단히 살피고, 핵심적인 것들을 비교할 것이다.

　　먼저 이신칭의 교리에 가장 주목한 곳은 서방 교회였다는 점을 기억하라. 그리스 정교회와 러시아 정교회 같은 동방교회는 인간의 구속을 신성화한 이미지로 논의하길 더 좋아했다.[1]

　　눈여겨 두어야 할 또 한 가지는 이신칭의에 관해 서방 교회 대부분이 전체적으로 동의한 부분이다. 사실 루터 교회와 개혁 교회는 눈에 띨 정도로 다른 의견을 보이는데,[2] 어떻게 보면 이 차이는 전문적이거나 예정과 선택 교리에 관계된 것이라고 볼 수 있다. 한편으로 루

---

1　그 이유에 관해서는 Alister E. McGrath, *Iustitia Dei: A History of the Christian Doctrine of Justification*, 2 vols.(Cambridge: Cambridge University Press, 1986), 1:2-4을 보라.
2　자세한 분석을 원한다면 앞의 책 2:44-51을 보라.

터 교회와 개혁 교회, 다른 한편으로는 경건주의자들 사이에도 의견이 다른 영역이 얼마든지 있다. 이때에도 이견은 전문적인 것으로 보인다.[3] 물론 가장 중요한 역사적 견해 차이는 개신교회와 로마 가톨릭 교회 사이에서 나타났다. 그러나 이 경우에도 상당 부분 동의하는 부분이 존재하는데, 이 장 끝부분에서 그 사실을 알 수 있을 것이다.

이 사실을 염두에 두고 개신교회와 로마 가톨릭이 어떤 부분에서 견해가 다른지 하나씩 짚어 나가보자.

1. 칭의란 무엇을 말하는가?
2. 이신칭의란 무엇을 말하는가?
3. 의롭다 하심의 본질은 무엇인가?
4. 한 개인이 칭의를 얻을 수 있다는 말이 가능한가?

각각의 역사적 신앙고백문을 분석하면서 이 질문들을 하나씩 살펴보려고 한다. 물론 현대 개신교는 이런 고백문들에 매여 있다고 여기지 않는다는 사실을 기억하라(이를테면 현대 성공회는 영국 성공회 교리문인 39개조 신앙고백[Thirty-Nine Articles]에 별로 주목하지 않는다). 그러나 이런 작업은 우리가 알아보려는 문제와 관련하여 여러 교파가 채택한 역사적인 견해를 분명하게 해준다. 이 사실을 염두에 두고 시작해 보자.

---

3  분리의 이유 다섯 가지를 보려면 앞의 책 51-53을 참조하라.

## 칭의란 무엇을 말하는가?

트리엔트 공의회는 로마 가톨릭이 칭의를 다음과 같이 이해하고 있음을 보여준다. "인간이 첫 아담의 자손으로 태어나 둘째 아담, 곧 우리 주 예수 그리스도를 통하여 은혜의 상태로 옮겨져 하나님의 아들로 입양되는 과정이다." 따라서 로마 가톨릭은 자연의 상태에서 은혜의 상태로 전이되는 전 과정을 칭의로 이해하는데, 그리스도인의 삶이 시작되는 사건과 일단 전개되어 궁극적으로 완결될 과정, 이렇게 두 가지를 말한다. 여러 면에서 이런 칭의 이해는 히포의 아우구스티누스의 칭의 이해와 아주 유사하다.

개신교에서는 칭의를 법정적으로 이해해 왔다. 죄인을 의롭다고 선언하시는 하나님의 사역으로 말이다. 하나님이 인간을 의롭다고 선언하시는 칭의라는 **사건**은 거듭나고 성령의 역사를 통해 새롭게 되는 성화라는 **과정**과 반드시 구별된다.

그러므로 칭의는 죄인들에게 향하신 하나님의 외적인 역사이고, 성화는 하나님이 그 사람 안에서 일으키시는 역사다. 칭의와 성화는 이론상 구분될 수 있으나, 실제적으로는 나눌 수 없다. 의롭다 하심을 받은 사람은 누구나 성화하기 때문이다. 우리는 앞 장에서 칼빈이 이 부분을 역설한 내용을 살펴보았다. 존 웨슬리 역시 이 점에서 도움이 될 만한 글을 남겼다. 비록 고어투로 기록되었지만 살펴보도록 하자.

칭의와 중생은 시간이라는 측면에서 나뉠 수 없으나, 어렵지 않게 구별할 수 있다는 것도 인정해야 한다. 이 둘은 동일하지 않은 것은 물론 본질상 전혀 다르다. 칭의는 관계적인 변화만 나타내지만, 중생은 실제적인 변화를 말한다. 우리를 의롭다 하실 때 하나님은 우리를 **위해** 일하시지만, 우리를 거듭나게 하실 때에는 우리 **안에서** 일하신다. 전자의 변화는 하나님에 대한 우리의 외적인 관계의 변화로, 원수인 우리가 자녀가 되는 것이고, 후자의 변화는 우리의 심령이 변화하여 죄인이 성자가 되는 것이다.[4]

따라서 로마 가톨릭은 개신교가 "칭의"와 "성화"로 나누어 이해한 것을 "칭의"로 한데 묶어 이해하고 있음이 분명하다. 한 단어로 둘 모두를 가리키지만, 이것은 각각 다른 의미를 가지고 있다. 그래서 엄청난 혼동이 일어난다. 다음 두 진술을 생각해 보자.

(1) 우리는 믿음으로만 의롭다 하심을 얻는다.
(2) 우리는 믿음과 행위로 의롭다 하심을 얻는다.

전자는 주로 개신교의 견해로, 후자는 로마 가톨릭의 견해로 알려져 있다. 그렇다면 이 진술들은 무엇을 의미하는가?

개신교에서는 진술 (1)을 이렇게 이해한다. 즉, 그리스도인의 삶은 믿음을 통하여 그리고 믿음으로만 시작된다. 이것을 진술 (1)에 대한 신약의 가르침이라고 생각한다. 반면 "칭의"를 다르게 이해하는 로마 가톨릭에게 진술 (1)은 **전체적으로** 그리스도인의 삶은 믿음으

---

4  John Wesley, *Sermons on Several Occasions* (London: Epworth, 1944), 174.

로만 시작되고 유지되지만, 중생이나 순종과 같은 언급은 배제되는 것처럼 보인다. 로마 가톨릭에게 진술 (2)는 그리스도인의 삶은 믿음으로 시작되지만, 순종과 선행을 통해 유지된다는 의미다. 그리고 이것이 신약의 전반적인 견해인 것처럼 보인다.

그러나 그리스도인의 삶을 **시작**한다는 의미로만 "칭의"를 이해하는 개신교는 로마 가톨릭의 견해를 이행칭의(以行稱義) 교리, 따라서 절대 받아들일 수 없는 교리로 여길 수밖에 없다. 사실 개신교와 로마 가톨릭은 그리스도인의 삶이 믿음을 통하여 시작되어 순종과 선행으로 **유지되고 발전**된다는 점에서 합의할 수 있다. "믿음은 선행을 동반한다"는 개신교의 표어가 이 원칙을 포괄하고 있기 때문이다.

개신교는 허구적인 칭의관을 전개한다는 이유로 적대자들에게 자주 비난당한다. 사실은 그렇지 않은데도 의로운 사람으로 대우받는 이상한 나라에 들어온 인상을 준다는 것이다. "법적 허구"라는 개념이 주는 인상 때문에 이 칭의관은 자주 오해받는다. 그러나 법정적 칭의 이해는 죄인이 칭의에 전혀 공헌하는 바가 없음을 강조하는 것일 뿐이다. 이것은 법정적 칭의 이해를 채택하지 않는 사람들조차 인정하는 것 아닌가! 죄인 안에는 칭의의 근거가 될 만한 것이 전혀 없다. 칭의의 근거가 되는 것은 오직 하나님이 제공하셔야 한다.

칭의는 변화(transformation)나 중생에 종속되거나 수반되는 것이 아니다. 칭의가 변화나 중생에 수반되는 것이거나 그것에 기반을 두는 것이라면, 앞서 제기된 비판이 설득력을 갖는다. 칭의가 도덕적 중생에 근거를 두고 그것을 조건으로 한다는 견해는 계몽주의에 가까우며, 은혜로 말미암은 칭의라는 개념은 포기하고 공로에 의한 칭의를 지지하는 것이다. 칭의와 의롭다 하시는 의의 본질에 대한 개신교의 이해는, 오직 하나님 한 분만이 우리 칭의의 근거를 세우실 뿐 아니라 그것을 합당하게 하는 수단을 제공하셨음을 강조하는 유일한 방법이었다. 이것은 "의롭게 하다"라는 히브리어 동사에서 풍기는 상한 법정적 의미와 일맥상통한다.

## 이신칭의란 무엇을 말하는가?

여기서 기본 요점은 우리를 의롭다 하시는 이가 하나님이라는 것이다. **솔라 피데**("오직 믿음으로")라는 표어는 인간이 칭의를 얻는 데 철저하게 무능력함을 강조한다. 칭의는 하나님의 은혜로운 약속에 뿌리를 내리고 있고, 우리가 행하는 도덕적인 행동이나 일에 근거를 두지 않는다. 우리는 철저히 믿음으로만 구원을 받는다. 여기서 말하는 믿음은 맹목적이거나 교리적인 순응이나 시건방진 방자함이 아니라, 겸손하지만 견고한 신뢰로 하나님을 바라보는 것이다.

이때 우리는 하나님을 은혜로우시고 신실하신 구원의 주로 신뢰하며 그분의 자비로운 약속들을 붙잡는다. 그리고 한편으로는 비록 믿음을 통하여 하나님을 신뢰하게 된다 할지라도 그 믿음조차 우리가 성취한 것이 아니며 그분의 은혜로운 선물일 뿐임을 인식한다.

최근 들어 로마 가톨릭과 개신교가 이 교리에 대하여 몇 가지 중요한 통찰을 공유하고 있음을 지적하는 목소리가 높아지고 있다. 사실 트리엔트 공의회는 칭의 문제에 관한 한 다른 무엇보다 믿음의 우위를 강조했다. "믿음은 인간 구원의 시작이며 칭의의 기반이자 뿌리다. 믿음이 없이는 하나님을 기쁘시게 할 수 없다." 이와 비슷하게 개혁자들 역시 믿음을 칭의의 유일한 도구로 강조했다. 칭의가 일어날 때 우리는 믿음으로 말미암아 우리를 대신하여 그리스도께서 행하신 사역의 효험을 받아들이게 된다. 의롭게 하는 믿음은 역사적인 지식(영국 개혁자 윌리엄 틴데일은 이것을 "옛날 이야기책 믿음"이라고 불렀다)이나 지적인 확인이 아니라, 복음을 온전히 신뢰하고 그 안에 자신을 던져 넣는 것이다.

우리는 "그리스도로 인하여 믿음을 통해" 의롭다 하심을 얻는다. 칭의의 객관적인 토대는 예수 그리스도와 그분의 사역이며, 이 칭의가 유효하게 되고 우리 것이 되는 수단이 바로 믿음이다. 다시 강조하자면, 이신칭의는 우리에게 믿음이 있어서 의롭게 되었다는 뜻이 아니다. 하나님의 은혜를 통하여 그리스도 때문에 의롭게 되었다는 것을 뜻한다. 언제나 믿음은 우리 안에서 일어나는 하나님의 역사로 인식되어야 한다.

## 의롭다 하심의 본질은 무엇인가?

칭의의 본질에 관하여 개신교와 로마 가톨릭이 차이가 있듯이, 의롭다 하시는 의에 관한 문제를 놓고도 근본적으로 역사적인 차이가 있다. 개신교에서 의롭다 하는 의는 그리스도의 의, 곧 신자에게 전가되는 그분의 의를 말한다. 이 의는 결코 신자의 일부가 되거나 그에게 속하지 않는다. 이것은 "(그렇게) 여겨지는 의" 또는 "전가된 의"다. 신자는 여전히 죄인이다. 그러나 하나님이 그를 의롭다고 여기신다. 신자는 의로우면서 동시에 죄인이다. 사실 죄인을 의롭다 하는 하나님의 칭의에서는 인간의 죄인 됨이 남김없이 드러난다. 하이델베르크 소요리문답은 이 점을 이렇게 진술한다.

문 : 당신은 어떻게 하나님 앞에서 의롭게 되는가?
답 : 오직 예수 그리스도를 믿는 참된 믿음으로 말미암습니다. 내 양심은 내가 하나님의 모든 계명을 어겼고 지키지 않으며, 여전히 악으로 향하는 성향이 있다고 고소합니다. 그러나 하나님은 내 공로가 아니라 순전히 은혜로 그리스도의 완전한 속죄의 유익을 허락하십니다. 그분은 마치 내가 죄를 하나도 짓지 않았거나 전혀 죄를 품어본 적도 없는 것처럼, 그리스도께서 나를 위해 이루신 순종을 나 스스로 행한 것처럼 그분의 의와 거룩함을 내게 전가시켜주십니다. 나는 오직 믿는 마음으로 이러한 은혜를 받습니다.[5]

그러나 로마 가톨릭에서 의롭다 하는 의는 신자의 인격의 일부로,

---

5 Heidelberg Catechism, 질문 60, in Arthur C. Cochrane, *Reformed Confessions of the 16th Century* (Philadelphia: Westminster, 1966), 315. 질문 61-64(pp. 315-16)도 이 논의와 관계 있다.

원래부터 가지고 있는 것이다. 이 의는 죄인에게 주신 하나님의 선물이지만, 죄인의 일부라고 말할 수 있다. 성령님의 거룩하게 하시는 사역은 죄책을 제거하여 하나님이 보시기에 신자가 의로워 보이게 만든다. 앞에서 소개한 구분을 따르자면, 개신교는 칭의를 하나님의 **조합적인**(synthetic) 판결에 근거한다고 이해하는 반면, 로마 가톨릭은 **분해적인**(analytic) 판결에 근거한다고 이해한다.[6]

개신교는 의롭게 하는 **본래적** 의라는 개념에 의혹을 품고 있는 듯하다. 신자들이 섣불리 안도해 버리거나 염려한 나머지 하나님의 자비와 은혜를 전적으로 의지하지 않을까 봐 염려하기 때문이다. 게다가 개신교 진영에서는 이 "본래적 의"가 선행으로 얻은 **인간적인** 의와 혼동될 가능성이 크다는 점 때문에 고민했다. 이들은 일단 이런 오해가 들어오면 이행칭의로 연결되고 말 것이라고 생각한 것이다.

반면, 로마 가톨릭은 의롭다 하는 **외적** 또는 **외래적** 의라는 개념을 경계한다. 이 개념이 선행과 그리스도인의 순종을 무시할 수 있다고 염려하기 때문이다. 그러나 이러한 우려들은 오해에서 비롯된 것이다. 개신교뿐 아니라 로마 가톨릭 모두 개인의 의, 곧 칭의의 바탕이 되는 개인의 의는 하나님이 수여하신다고 가르친다.

---

6   의롭다 하시는 의의 본질에 관한 논의와 연결되어 자주 사용되는 용어는 **칭의의 형식 원인**, 달리 말해서 칭의의 **직접** 원인이다. 칭의의 여러 가지 원인(예를 들어 하나님의 은혜, 그리스도의 공로 등등)을 구별할 수는 있지만, 개신교-로마 가톨릭 논쟁은 칭의의 직접(즉, 형식) 원인이 무엇이냐를 두고 벌어졌다. 개신교에서 칭의의 직접 원인은 전가된 의이고, 로마 가톨릭에서는 내재적인 의다.
    칭의에 관한 한 가지 재미있는 신학, 즉 로마 가톨릭과 개신교 입장을 조화하려는 시도를 담은 신학이 등장했는데, 우리는 이것을 **이중 칭의**(double justification)라고 부른다. 트리엔트 공의회에서 지롤라모 세리판도가 제시하고 17세기 후반 영국 국교의 몇몇 신학자가 주장한 이 견해는 이중적 또는 양면적으로 전개되는 칭의의 형식 원인이 있다는 것을 내용으로 삼는다. 즉, 전가된 그리스도의 의와 내재적인 의다. 현실적으로 이 교리는 그다지 영향력을 끼치지 못하고 역사적으로만 흥미를 끌었을 뿐이다.

두 진영 모두 칭의는 하나님이 세우시고 수여하신 객관적인 기초에 근거를 둔 하나님의 사역이라는 데 합의한다. 개신교가 의롭다 하는 의를 이해하는 근본 방식은 구약이 말하는 "의롭게 하다"는 개념이 지닌 법정적이고 선언적인 면을 잘 부각시킨다. 그러면서도 여기서 문제되는 의는 선행으로 얻는 인간의 의가 아님을 강조한다. 올바르게 이해하면, 이것은 로마 가톨릭의 견해와 매우 다르다.

## 한 개인이 칭의를 얻을 수 있다는 말이 가능한가?

칭의가 전적으로 값없이 그리고 아무 공로 없이 주시는 하나님의 사역이라는 데에는 로마 가톨릭과 개신교 모두 동의한다. 즉, 우리의 행위나 업적의 결과가 아니라는 것이다. 칭의는 언제나 하나님의 은혜로운 사역이다. 한 개인이 자기 힘으로 칭의를 얻을 수 있다는 주장은 펠라기우스적이며, 복음과 양립할 수 없다. 또 개인이 칭의를 얻을 만한 자격이 있다는 말 역시 이성주의적 계몽주의와 연관된 것으로, 사실 로마 가톨릭과는 무관하다.

그렇지만 공적에 관한 로마 가톨릭의 가르침은 다분히 오해받을 만한데, 그 용어를 쓴 로마 가톨릭 신학자들의 혼동에도 얼마간 책임을 물을 수 있다. 일부 로마 가톨릭 신학자들은 두 가지 종류의 공적을 이야기한다. 하나는 **문자 그대로** 하나님이 보상할 의무가 있는 것("합당한" 공적)이고, 다른 하나는 **좀 약한 의미로** 하나님이 반응을 보이

시기에 마땅한 것("적절한" 공적)이다.[7]

모든 로마 가톨릭 신학자는 **아주 엄밀한 의미에서** 개인이 칭의를 얻기에 합당하다고 말하기는 불가능하다고 하는 반면, 일부는 **아주 약한 의미에서** 칭의가 "합당하게 될" 수는 있다고 인정한다. 개신교는 펠라기우스가 함축하고 있다고 여기는 "적절한" 공적이라는 개념을 의심스럽게 생각한다.

트리엔트 공의회는 개인이 **칭의를 얻은 후에** 엄격한 의미에서 공적을 획득할 수 있다고 가르친다. 신자가 선행한 결과 그에게 주시는 보상이라는 신약의 보상 개념을 나타내려는 시도로 이 교리를 이해해야 하는데도, 개신교는 이 교리가 구원을 위해 오직 하나님만 의뢰해야 한다는 것을 오도하는 것으로 여겨 공박을 늦추지 않았다.

트리엔트 공의회는 이 보상이 인간 노력이 아니라 하나님의 관대하심의 결과라고 강조했지만, 비판하는 사람들은 이 교리가 결과적으로 신자에게 구원의 근거로 자기 노력을 믿게 하는 부작용을 낳는다고 지적했다. 그러나 진짜 문제는 무엇보다 "공적"(또는 공로, merit)이라는 말의 사용과 관련 있다.

우리는 앞 장에서 테르툴리아누스가 "리베룸 아르비트리움"(자유 의지)을 어떤 식으로 부적절하게 번역해서 서구 교회에 신학 용어로 소개했는지 지적하였다. 따라서 "보상"(reward)에 해당하는 헬라어를 라틴어로 "메리툼"(meritum)이라고 번역하여 소개한 사람 역시 테르툴리

---

7  이것의 구분이 어떻게 발전했는지, 그 의미가 무엇인지에 관해서는 McGrath, *Iustitia Dei*, 1:109-19; 2:80-9(특히 83-89)을 참조하라.

아누스라는 점은 그리 놀랄 일이 아니다. 메리툼은 로마법에서 나온 말로(테르툴리아누스는 법률가였다), 이렇게 해서 신학에 법률 냄새가 배어 들게 되었다.

아우구스티누스는 이런 오해에서 서구 교회를 한 번 더 구출해낸다. "공적"이란 단어가 매우 자연스럽게 정착되면서 이 용어를 사용하지 않을 수 없을 정도였다. 그러나 아우구스티누스가 더 성경적인 시각을 간신히 되살려내었다. 아우구스티누스가 말하는 "공적"은 우리가 무엇인가를 성취했기 때문에 내놓으라는 식으로 말할 수 있는 것이 아니라, **하나님이 하나님 되심에 따라 우리에게 주시는 것이다.** 아우구스티누스와 신약성경은 개인(요구하는 쪽)이 아니라 하나님(수여하는 쪽)이 늘 주도권을 쥐고 계시다고 이해했다.

그러므로 개신교와 로마 가톨릭은 칭의에 관한 한 하나님께 무엇이든 주장할 바가 없다는 데 완전 일치한다. 칭의는 하나님이 우리에게 주시는 것이고, 우리를 위해서 하시는 일이다. 그럼에도 그리스도인의 삶에서 공적의 역할에 대해서는 의견이 다르다.

개신교는 하나님이 신자인 우리의 노력을 보상해 주신다고 말하는 반면, 로마 가톨릭은 신자가 공적을 얻는다고 말한다. 개신교는 가톨릭이 우리에게 향하신 하나님의 관용보다는 업적을 지나치게 강조하고 마치 하나님을 좌지우지할 수 있는 것처럼 착각하게 한다는 의심을 쉽게 버리지 않는다.

앞서 말한 분석을 바탕으로 보면, 칭의라는 문제를 놓고 개신교와 로마 가톨릭 사이에는 엄연한 차이가 존재한다. 그렇더라도 이 차이의 의미에 관한 질문은 여전히 해결되지 않는다. 외래적 의와 본래적 의의 차이는 과연 중요한가? 종교 개혁 시대에는 이 차이가 중요했을지 몰라도 최근에는 더 이상 그런 중요성이 없다는 견해에 동조하는 목소리가 점점 높아지는 듯하다.

그러나 이 말이 개신교와 가톨릭에서 칭의라는 문제에 일치를 보인다는 뜻은 아니다. 그들의 가르침은 각각 "느낌"이나 "분위기"가 매우 다르기 때문이다. 그래도 오늘날 기독교 교파들은 역사적으로 보여 온 불일치에 주목하기보다는 일치하는 지점을 찾는 것처럼 보인다!

이런 현상은 오늘날 은혜의 복음을 실제로 심각하게 위협하는 것이 개신교와 가톨릭의 차이가 아니라 계몽주의 밑에서 자란 합리주의라는 인식에서 일부 비롯된 것이다. 계몽주의는 하나님이 도덕적으로 개과천선한 사람만 의롭다 하신다는 생각을 조장했다. 오늘날도 마찬가지지만, 하나님이 **죄인**을 의롭다 하신다는 발상은 이성과 도덕성 모두에 모순되는 것으로 여겨져 거부되었다. 여러 가지 면에서 계몽주의는 펠라기우스주의의 재탄생에 기여했다. 인간의 도덕적 능력과 책임을 강조하기 때문이다.[8] 하나님께 용납되기에 앞서 한 개인은 착한 사람이 되어 자신을 받아들여질 만한 사람으로 세워야 한다. 5세기를 풍미한 펠라기우스주의가 그랬듯이 계몽주의는 "경건한 자가 받는 칭의" 교리를 전개했다. 이것은 "경건치 않은 자를 의롭다 하시는" 복음의 개념과 정반대다.

---

8    계몽주의와 관련하여 칭의 교리를 논한 저서로는 McGrath, *Iustitia Dei*, 2:136-48을 보라.

개신교와 로마 가톨릭 교회를 포함하여 여러 교파들 가운데서 서로 합의한 사항으로 널리 인정되는 것들은 다음과 같다.

1. 원죄의 결과, 모든 인간(누구든 어디에 살든 언제 살았든)은 칭의가 필요하다.
2. 그리스도인은 성령을 통해 그리스도 안에서 그들에게 주시는 하나님의 값없는 은혜의 선물이 아니고서는 궁극적인 구원을 얻을 소망이 없을 뿐 아니라 칭의의 근거도 갖지 못한다. 칭의와 구원의 종국적인 소망은 복음에 계시된 하나님의 약속과 예수 그리스도의 구원하시는 사역에 뿌리박고 있다.
3. 칭의는 전적으로 하나님의 은혜다. 칭의의 근거나 기초를 닦기 위해서 우리가 할 수 있는 일은 전혀 없다. 믿음도 하나님의 선물이자, 우리 안에서 이루시는 일로 인식되어야 한다. 하나님이 우리를 향하지 않으시면 우리는 하나님을 향하여 설 수 없다. 구원을 이루는 데 우리의 행위보다 중요하고 우선적인 것은 하나님의 구속 의지와 행동이다. 이것은 예정 교리에서도 표현된다.
4. 우리는 칭의를 받음으로 하나님 앞에서 의롭다고 선언받는다. 한편 성령의 새롭게 하시는 사역을 통하여 하나님이 보시기에 우리를 의롭게 만드시는 과정이 시작된다. 칭의를 받음으로 우리는 믿음으로 말미암아 예수 그리스도의 죽음과 부활의 효험을 얻는다. 이때 우리는 구원을 주시는 하나님의 능력인 복음에

인격적으로 반응하며, 성경과 말씀 선포, 성례전을 통해 복음을 접한다. 이것들은 먼저 우리 안에 있는 믿음을 일깨우고, 그 뒤에는 그 믿음을 굳건하게 해준다.

5. 의롭다 하심을 받은 자들은 모두 성령에 의해서 계속 새로워지고 선행할 수 있는 동기와 능력을 부여받는다. 이 말은 개인이 선행을 근거로 구원을 얻는다는 말이 아니다. 영생은 언제나 하나님의 은혜와 자비를 통해 우리에게 주신 선물이기 때문이다.

## 추 천 도 서

루터 교회, 개혁 교회, 영국 성공회, 트리엔트 공의회, 그 밖에 청교도, 경건주의에서 말하는 칭의 교리에 관해서는 다음 도서를 참고하라.

Alister E. McGrath. *Iustitia Dei: A History of the Christian Doctrine of Justification*. 2 vols. Cambrigde: Cambridge University Press, 1986. 2:1-53, 63-86, 98-134. 『하나님의 칭의론』, 기독교문서선교회.

루터 교회, 개혁 교회, 로마 가톨릭을 하나씩 비교해 보려면 다음 도서를 참고하라.

Wilhelm Niesel. *The Gospel and the Churches*. Philadelphia: Westminster, 1962.

트리엔트 공의회와 칼 바르트의 견해를 비교한 고전적인 저술로는 다음 도서를 참고하라.

Hans Küng. *Justification: The Doctrine of Karl Barth and a Catholic Reflection*. 2nd ed. Philadelphia: Westminster, 1981.

또 이 저서에 관한 비판으로는 다음 자료를 참고하라.

Alister E. McGrath. "Justification: Barth, Trent and Küng." *Scottish Journal of Theology* 34(1981): 517-29.

개신교와 로마 가톨릭이 어느 정도 일치하는지에 관한 저술로는 다음 자료를 참고하라.

"Justification by Faith"[Report of the Lutheran-Roman Catholic Dialogue Group in the United States], *Origins* 13/17(1983): 77-304.

*Salvation and the Church: An Agreed Statement by the Second Anglican-Roman Catholic International Commission*, London: Church House Publishing/Catholic Truth Society, 1987.

# 以信稱義

그리스도의 십자가와 부활에 나타난
하나님의 놀라운 구원 방법을
가장 탁월하게 설명해 주는 교리가 바로 "이신칭의"다.
이 교리를 제대로 이해하는 것은
그리스도인의 삶과 사역에 필수적인 일이다.

# 2

# 이신칭의 교리의 현대적 의의

# 5장

# 실존적인 측면

JUSTIFICATION BY FAITH

　오늘날에는 사람들이 자신의 영적 상태를 "의미", "성취", "목적"이라는 범주로 판단하려는 경향이 있다. 16세기 종교 개혁 또는 18세기 대각성을 주도한 신학자들이 "율법"과 "죄책"에 대한 설교에 열심을 냈다면, 우리 시대 설교자들은 현대인이 절감하는 필요에 대해 설교해야 한다. 접점을 확보하기 위해 설교자는 회중을 중심으로 그들의 욕구와 두려움, 소망에 민감해야 한다. 그것을 발판으로 할 때 그의 선포가 회중의 실존적 상황 안에 뿌리내릴 수 있을 것이다. 선포할 내용과 현대인의 실존이 반드시 연관되어 보여야 한다.

　앞에서도 강조했지만, 이 말은 현대인의 생각에 맞추기 위해 복음 선포를 변색하거나 왜곡하라는 뜻이 아니다. 오히려 풍성하고 다양한 내용을 지닌 복음이 어떻게 현대인에게 다가갈 수 있을지 고민하라는 뜻이다. **인간 실존이 변화하는 일은 그 실존이 지닌 이전의 관계에 의존한다.** 이신칭의 복음을 현대의 범주에 맞게 번역하고 해석하여 설교자를 지원하고 돕는 일은 신학자의 몫이다.

신학자가 자기 시대 상황에 뿌리내리려면, 복음에 충실하기 위해 성경의 증거와 성경 해석의 역사를 부여잡고 씨름하는 것처럼 그 시대의 종교, 문화, 사회, 정치적 현실을 붙들고 씨름해야 한다. 그들은 변증법적이고 대화적 접근 방식을 통해 예수 그리스도 안에서 성취된 값없는 칭의라는 복음의 핵심과, 그 복음이 전파되어야 할 맥락과 상황을 넘나들어야 한다. 복음은 그 맥락이 발붙이고 서 있는 전제들에 대해 선포하고 도전한다. 그러나 비판을 하기에 앞서 복음과 맥락은 서로 실제적인 관계가 있어서 확실하게 연계되어야 한다.[1]

오늘날 실존주의 철학자들은 현대인의 실존적인 관심사에 접근할 수 있는 접점과 함께, 기독교가 선포하는 이신칭의와 궁극적인 관심사에 대한 사고방식 사이의 간격을 메울 수단을 신학자들에게 제공한다. 이 장에서는 현대 실존주의자의 분석에 따라 있는 그대로의 인간 실존 구조를 신중히 반성해 보아 이런 일이 어떻게 일어날 수 있을지 한 예를 보이고자 한다. 먼저 실존주의 사상의 몇 가지 측면을 간단히 살펴보자.

---

1 James O. Buswell, III, "Contextualization: Theory, Tradition and Method," in David J. Hesselgrave, ed., *Theology and Mission*(Grand Rapids: Baker, 1978), 93-99.『신학과 선교』, 엠마오.; Bruce J. Nichols, *Contextualization: A Theology of Gospel and Culture*(Downers Grove: InterVarsity, 1979)를 보라.

## 실존주의의 기초

우리는 누구인가? 왜 여기 있는가? 왜 존재하는가? "존재한다"는 말은 무슨 뜻인가? 우리는 모두 이 세상에 존재한다. 그러나 왠지 익숙하지 않은 듯 불편한 기분에 사로잡히고, 우리 존재에 대해 불안해하며, 피할 수 없는 죽음 때문에 잔뜩 겁먹고 얼어붙은 심정이 되기 십상이다. 우리는 거의 또는 전혀 어찌하지 못할 힘에 눌려 있다. 그 힘이란 한편으로는 사회적인 압력, 정치적인 조작 같은 것이고, 다른 한편으로는 우리의 유한성과 죽음, 한계 같은 것이다.

인간, 돌, 나무는 의심할 여지 없이 같은 세계의 일부로 존재한다. 그렇지만 인간은 사유를 시작하면서 (딱 부러지게 말할 수는 없지만) 근원적으로 자신과 다른 모든 생명체를 구별하여 인식해 왔다. 그렇다면 이 차이는 도대체 무엇인가? 철학의 역사는 바로 이 결정적인 질문을 밝히려는 노력으로 이어져왔다.

인간이 다른 생명체와 구별되는 가장 중요한 요소는 자기 존재를 인식하고, 그 사실에 대해 스스로 질문을 던질 수 있다는 것이다. 실존주의는 결국 이런 결정적인 통찰에 대한 반응으로 생겨났다.[2] 우리는 존재할 뿐 아니라 그 사실을 **인식하고 이해한다**. 그리고 언젠가는 죽음으로 우리 존재가 소멸할 것도 인식하고 있다.

우리의 존재가 우리 자신에게 중요하다는 것과 이 점에 대해 완전

---

2   David E. Roberts, *Existentialism and Religious Belief* (New York: Oxford University Press, 1959).

히 삼자(三者)적인 태도를 취할 수 없다는 것은 명백한 사실이다. 실존 철학은 인간을 "물"(物)로 보는 견해에 반대하며, 개인의 인격적 실존을 단단히 붙들어야 한다고 요구한다. 우리 각자는 개체이며, 일반화를 거부한다. 한마디로 우리는 단순히 주민등록 번호로 환원될 수 없다. 우리는 개별적인 존재이고, 그 개별성은 우리에게 매우 중요하기 때문이다.

저명한 독일 실존주의 철학자 마르틴 하이데거는 인간의 실존 구조를 분석하면서 우리와 물체 또는 사물을 더 뚜렷이 구별했다. 하이데거는 역사 속에 던져진 우리의 현존재(Dasein)를 인식하는 인간 실존의 양태와 생명 없는 물체의 존재 양식, 즉 사물(Vorhandenheit) 사이에 선을 분명히 그었다. 그리고 그는 우리의 현존재가 생명 없는 사물로 전락할 갖가지 위험, 다시 말해서 우리의 실존이 생명 없는 사물 차원으로 떨어질 위험에 대해 말했다. 우리는 물질과 이 세계에 지나치게 집착하고 연연하는 나머지, 개체로서 구별적인 정체성을 잃어버린다. 개체라는 정체성을 상실할 때, 우리는 군중의 일원이 되고 만다.

이것은 또한 "객관적인 지식"과 "주관적인 지식"이라는 말의 차이로도 표현된다. "객관적인" 지식이란, 사물을 이론적인 면에서 거리를 두는 태도로 아는 것을 말한다. 말하자면 과학자가 혈액 샘플을 검사하거나 통계 분석가가 소비자 취향을 분석하는 태도 말이다. 이러한 비인격적인 특징과 통계는 궁극적으로 개인과 관련이 있지만 그 개인은 비인격적인 데이터 자료로 치환되어버리고 만다. 이때 개인 한 사람 한 사람은 중요하지 않다. 더 중요한 것은 과학자나 통계 분석가가 그 작업에 자기감정을 섞어서는 안 된다는 것이다. 그래야 온전히 중립적으로, 또는 거리를 둔 상태로 접근할 수 있다. 이런 태도는 매우 중요하다.

그러나 나중에 살펴보겠지만, 중립적이거나 거리를 두거나 객관적으로 하나님을 아는 지식, 즉 신지식이란 존재하지 않는다. 왜 그런가? 이유는 간단하다. 우리 자신, 우리의 인격적인 실존이 그분의 존재에 묶여 있기 때문이다. "주관적인" 지식이란 우리 자신의 인격적 실존에 중요한 무언가를 아는 것이다. "주관적인 지식"과 "객관적인 지식"의 차이는 죽음에 관한 지식에서 여실히 드러난다.

죽음은 객관적인 생물학적 현상으로서 생명 과정의 종료 정도로 말할 수 있다. 이 현상과 관련된 인간의 심리적 변화는 객관적으로 기술되고 기록될 수 있다. 그러나 그것은 다른 누군가의 죽음을 다룬 것이다. 실존적인 현상으로 죽음을 다룬다는 것은 우리 자신의 죽음이라는 미래 사건이 우리 뇌리를 사로잡고 우리에게 영향을 주고 있음을 인식하는 것이다. 태어난다는 것은 이미 죽음으로 향하는 길 위에 서 있다는 뜻이다. 죽음을 피할 길은 없다. 날마다 숨 쉬는 순간마다 우리가 죽을 수밖에 없음을 상기시키는 일들이 일어난다.

친척이나 친구가 죽으면 우리도 결국 죽는다는 생각을 하지 않을 수 없다. 이처럼 우리의 개별적인 실존에 영향을 끼치는 것(이 경우에는 삶이 결코 영원하지 않다는 사실을 상기시키는 것)에 대한 자각이 주관적인 지식이다. 죽음을 피할 수 없다는 인식, 우리가 익히 알고 있는 존재가 어느 날 덧없이 사라지고 말 것이라는 인식이 불안(anxiety)을 일으킨다

(독일어 앙스트[Angst]는 종종 "실존적 불안"을 가리킨다).

이러한 이유에서 현대 실존 철학은 거듭 "주관적인" 지식을 강조한다. "진리는 주관이다"라고 천명한 덴마크 철학자 키르케고르가 그 단면을 보여준 접근법 역시 "주관적인 지식"이다. 그러나 그가 "주관적"이라고 한 것은 이 단어가 풍기는 일상적인 의미처럼 "선입견에 사로잡히다", "신뢰할 수 없다", "편견이 있다" 등의 뜻이 아니다. 그는 진리를 추구한다는 미명 아래 인간의 개인적인 관심사가 희생되어서는 안 된다고 말했다.

"진리"는 인간 내면에 관련된 지적 이론이나 개념이 아니라 전인, 전 실존에 관한 것이다. 지성뿐 아니라 우리의 감정과 의지, 열정까지 진리 추구에 붙들리고 동원되어야 한다. 우리와 우리의 실존을 변화시키기 위해서는 진리가 그 개인에게 적합해야 한다. 바로 이런 이유로 실존주의는 객관적인 과학적 진리와 다투기보다는 진리가 우리의 존재 양식, 실존 방식에 영향을 끼치게 하기 위해 진리의 주관적 적합성을 강조한다.

"우리를 자유하게 하는 진리"와 마주하려면, 그 진리가 우리의 속사정을 알고 우리를 내면적으로 변화시키는 것이어야 한다. 머리로 아는 정도로는 곤란하다. 머리로 아는 지식이 가슴으로 느끼는 지식이 되어야 한다. 실존주의 사상가는 **진리에 대해 아는 것**(객관적인 진리)과 **진리에 붙들리는 것**(주관적인 진리)을 구분한다. 칭의가 개입하는 부분은 바로 예수 그리스도를 통한 구속자 하나님에 대한 주관적인 지식이다.

## 인간 실존에 대한 실존주의의 분석

실존주의는 모든 개인에게 열려 있는 두 실존 양식, 이 세상에 존재하는 방식 두 가지를 조심스럽게 구분한다. 하이데거에 따르면 이 양식은 크게 "본래적 실존"(authentic existence)과 "비본래적 실존"(inauthentic existence)으로 부를 수 있다. 본래적 실존 상태에 있는 사람은 인간으로서 자기 가능성을 성취하는 방식으로 존재한다. 이 상태에 있는 사람은 성취, 목적, 의미를 갖는다. 반대로 비본래적 실존 상태에 있는 사람은 자신만의 능력과 정체성을 잃어버린다. 자신도 어찌할 수 없는 힘에 사로잡혀 있고, 실존의 본질을 잘못 파악한 망상에 허우적거린다. 그는 죽음이나 유한성 같은 삶의 진실을 직면하지 못한다. 그의 전 생애는 가식일 뿐이며, 자신도 그 사실을 알 것이다.

인간은 동물과 달리 자신이 죽을 수밖에 없다는 사실을 직관적으로나 지성적으로 알지만, 실존적으로 선뜻 받아들이려 하지 않는다. 언젠가는 죽으리라는 사실을 알지만(심지어 그 사실에 대해 희희낙락 농담도 하지만!), 개별적 인간 존재인 그가 어느 날 더 이상 존재하지 않으리라는 사실에 대해 진지하게 생각하는 것은 어렵다 못해 고통스럽기까지 하다. 사람들은 죽음에 관한 생각을 감당하지 못한다. 내가 없어도 세상이 여전히 잘 돌아간다니! 유한성은 삶의 여정에서 불쑥 튀어나올 이 사건을 부인하려고 발버둥치는 많은 사람에게 깊은 고통을 안겨준다.

뱀은 죽음이 불가항력적이지 않다는 거짓말로 하와를 유혹했다. "너희가 결코 죽지 아니하리라 …… 하나님과 같이 되어"(창 3:4-5). 이

거짓말에 속아 넘어간 인류는 죽음을 부정하고 그것에서 멀리 떨어지려고 몸을 도사린다. 타락한 인류는 자신의 전 실존을 이 망상과 거짓말에 의지하고 싶은 유혹에 빠진다. 그리고 이 거짓말이 탄로 날까 봐 전전긍긍한다. 죽음과 유한성 같은 인간 실존의 현실을 직시할 때, 본래적 실존으로 향하는 길이 열린다.

하이데거는 본래적 실존에서 저만치 "멀어진" 인간, 또는 본래적 실존에서 "소외된" 존재에 대해 말한다. 하이데거가 보기에 이런 "멀어짐" 또는 "소외"는 반짝하고 사라질 것들에 집착하거나, 군중에 흡수되어 각자의 정체성을 잃어버려서 비롯된다. 반대로, 이 멀어짐과 소외는 실존에 대해 올바른 태도를 취할 때 극복될 수 있다. 하이데거에 따르면 그 첫걸음은 거짓을 폭로하는 것이다. 다르게 말하자면, 지금 당신이 가식적으로 살고 있고 실존의 현실에서 아주 멀리 도망하고 있음을 깨닫게 해주는 일이 일어나는 것이다. 이런 현실을 일깨워주는 데 가장 중요한 요소는 아마도 실존적인 불안(앙스트)일 것이다. 이 불안은 흔히 죽음에 대한 불안에 뿌리박고 있다.

죽음을 예상할 때, 우리는 우리의 실존이 덧없다는 사실, 그 실존이 세상과 세상이 쏟아내는 상품에 의지한다면 망상, 즉 비본래적 실존을 영위하고 있다는 사실을 깨닫게 된다. 죽음이 그만큼 중요한데도 타락한 인류는 그것을 못 본 체하려 한다. **그러고 싶기** 때문이다. 그래서 하이데거는 죽음을 직면한 실존적인 불안이 우리에게 폭로하는 사실을 강조한다. 즉 죽음을 다루지 않는 한 우리는 가식적으로 살고 있는 것이나 다를 바 없으며, 실존적 현실과 불가피성을 직시하여 적절하게 방향을 수정하지 않는 한, 인간의 전 실존은 망상 위에 세워질 수밖에 없다는 것이다. 게다가 이 불안은 매우 위협적이어서 서구 사회는 대부분 죽음을 무시한다. 철저하게 무시할 수 없는 경우에는 그것을 애써 변방으로 내몰려고 한다.

이와 같은 인간 실존의 두 범주, 즉 본래적 실존과 비본래적 실존에 대한 분석을 기억하며 다음 토의로 넘어가보자. 우리는 복음이 이 범주들과 어떻게 연결되고, 이 범주의 용어들로 어떻게 설명되는지 물어야 할 것이다.

### 실존과 복음

신약은 인간 실존을 크게 둘로 나누어 말한다. 하나는 믿지 않고 구속받지 못한 실존 양식으로 망상과 거짓을 딛고 서 있는 실존이고, 다른 하나는 믿고 구속받은 실존으로, 이런 실존 상태에서는 인간의 실존적 가능성이 활짝 열려 있다. 뿐만 아니라 신약은 믿지 않고 구속받지 않은 실존 양태가 비본래적임을 인간이 직시해야 한다고 말한다. 이렇게 말하는 것은 본래적 실존, 곧 구속으로 말미암아 활짝 열린 삶으로 향하는 길이 열리게 하기 위해서다.

성경은 인간 실존에 관한 이 두 가지 양태를 장황하게 설명한다. 예를 들어, 타락 이야기(창 3장)에서 주된 요소는 그 자체로 완벽한 자기충족적인 존재가 되기 위해 하나님을 저버린 인간의 욕망이다. 여기서 인간은 자신을 하나님의 피조물인 모습 그대로 인식하기를 거부하고, 자기 자신에게서 행복과 구원을 구한다.

인간은 도덕적인 행위나 물질적 번영을 통해 그의 실존을 보호하려 애쓰며, 그러한 시도를 정당화한다. 자신의 능력을 통해 본질적인 속성, 본래적인 실존 양식을 획득하려고 한다. 그의 전 생애는 덧없는 것에 붙들려 있으며, 그러기에 덧없음과 죽음 앞에 무릎을 꿇고 만다. 이런 인간은 끝내 없어져버릴 세상과 물질에 의존한다. 인간의 이러한 자기충족성을 가리켜 성경은 "죄"라고 부른다.

신약성경은 이런 비본래적 인간 실존의 양태에 맞서 믿고 구속받은 실존을 제시한다. 구속받은 실존 상태에서는 우리 자신이 억지로 만들어낸 안전을 포기하고 하나님을 신뢰한다. 자기충족이라는 망상에서 깨어나 충만하신 하나님을 의뢰하는 것이다. 우리가 하나님의 피조물임을 부인하지 않고 그 사실을 인정하고 기뻐하며, 우리의 실존은 그 사실에 기반을 둔다. 안전을 얻기 위해 덧없는 것들에 연연하지 않으며, 일장춘몽 같은 이 세상을 향한 우리의 믿음을 걷어내고 영원하신 하나님을 신뢰하는 법을 배운다. 자신을 합리화하기보다는 하나님이 값없는 선물로 칭의를 주셨다는 사실을 알아간다.

유한성과 죽음의 불가피성을 부인하지 않으며, 이것들이 예수 그리스도의 죽음과 부활을 통해 정면으로 맞닥뜨려졌고 정복되었음을 배운다. 예수 그리스도의 승리는 믿음을 통해 우리의 승리가 된다. 그리스도는 "죽음을 통하여 죽음의 세력을 잡은 자 곧 마귀를 멸하시며 또 죽기를 무서워하므로 한평생 매여 종노릇하는"(히 2:14-15) 우리를 해방시키기 위해 우리의 인성을 입으셨다.

"선악을 아는" 분은 하나님인데도(창 2:16-17), 인간은 그 지식을 가지려고 시도하여 자기충족성을 추구하는, 바꿔 말하자면 "선악을 아는 하나님이 되려는"(창 3:5) 항구적인 경향이 있다. 이와 비슷하게 펠라기우스주의는 우리가 우리 운명의 주인이라고 주장한다는 점에서 모든 이단의 전형이라고 할 수 있다. 인간은 자신이 구원에 필요한 자원을 가지고 있고 하나님께 도움을 받지 않아도 된다는 매혹적인 주장을 믿으라는 유혹을 받아왔다.

바울은 우리 자신을 자랑하려는 유혹에 대해, 만일 자랑할 것이 있다면 오직 예수 그리스도와 그분의 십자가뿐이라고 거듭 반박한다(고전 1:31, 고후 10:17, 갈 6:14). 본래적 인간 실존은 자신과 이 세상이 자신을 구원할 것이라는 믿음을 포기하고, 하나님께 믿음을 둔다.

또한 신약은 물질과 인간의 도덕적 행위가 만들어내는 안전감이 환상이라고 강조한다. 그렇게 해서 우리를 안전하게 해줄 유일하고 적합한 기반인 하나님의 약속으로 주의를 환기시킨다. 산상수훈에 나오는 두 가지 말씀이 이 점을 탁월하게 밝히고 있다.

> 너희를 위하여 보물을 땅에 쌓아두지 말라 거기는 좀과 동록이 해하며 도둑이 구멍을 뚫고 도둑질하느니라 오직 너희를 위하여 보물을 하늘에 쌓아두라 거기는 좀이나 동록이 해하지 못하며 도둑이 구멍을 뚫지도 못하고 도둑질도 못하느니라 네 보물 있는 그곳에는 네 마음도 있느니라(마 6:19-21).

이 말씀에서 두 양태의 실존이 비교된다. 덧없고 잠시뿐인 이 세상에 묶인 비본래적 실존과, 하나님께 바탕을 두고 오직 그분만 의뢰하기 위해 이 세상의 신뢰 기반은 모두 거부하는 본래적 실존이다. 예수님은 반석 위에 집을 짓는 사람과 모래 위에 집을 짓는 사람을 비교하면서(마 7:24-27) 이 점을 다시 한 번 강하게 말씀하신다.

신약도 그렇지만 실존주의도 우리 눈앞을 늘 어른거리는 죽음의 가능성을 은폐하려는 인간의 경향을 정죄한다. 어리석은 부자 비유(눅 12:13-21)는 죽음의 현실을 직시하지 않고, 그것을 배제하거나 간과하는 계획에 의존하는 인간의 욕망을 아주 잘 보여준다. 인간의 자기충족성이나 세상의 물질에 실존의 기반을 올려놓아 자신을 정당화하려는 유혹은 늘 존재한다. 그러나 죽음과 파멸이 그 유혹의 실체를 폭로한다. 그것은 망상의 손짓일 뿐이다. 우리는 실존의 기반을 하나님께만 두도록 초대받았다. 그 어떤 것도, 심지어 죽음조차도 이 기반을 파괴하거나 흔들 수 없다. 본래적인 인간 실존의 유일한 근거로 거듭 하나님을 강조하는 성경은 자기의 노력이나 세상이 제시하는 것으로는 본래적인 실존을 성취할 수 없음을 일관되게 강조한다.

여기서 우리는 신약이 비본래적 실존을 규정하는 시각과, 하이데거와 같은 실존 철학자가 이해한 시각에 아주 중요한 차이가 있음을 짚고 넘어가야 한다. 하이데거에게 비본래적 실존은 우리가 선택하는 것이다. 우리에게 열려 있는 몇 가지 선택 사항인 것이다. 그러나 신약이 말하는 비본래적 실존은 선택이 아니라 주어진 것이다. 좋든 싫든 우리는 비본래적 실존을 안은 채 이 세상에 살고 있고, 우리의 진정한 존재 방식에서 한참 멀어져 있음을 인식해야 한다.

복음은 인간의 보편적인 죄성을 이야기한다. 왜 이런 일이 일어났는지를 설명하는 것은 복음의 일차적 관심이 아니다. 복음은 그저 인간이 그렇다고, 이 사실을 인식하는 것이 상황을 바로잡는 출발점이라고 선언할 뿐이다. 질병을 진단할 때, 의사는 우선 환자에게서 잘못된 곳이 어디인지 찾아내려고 한다. 어떻게 해서 그 병에 걸렸는지는 훨씬 학문적인 관심 아닐까?

신약의 관점도 마찬가지다. 신약은 우리가 **어떻게 해서** 죄인이 되었는지는 그다지 관심이 없고, 하나님이 예수 그리스도 안에서 우리 상태를 직접적으로 말씀하신 사실을 중요하게 생각한다. 그러나 세상에는 이 상황이 어떻게 일어났는지 정확한 설명을 듣고 납득하기 전에는 인간의 보편적인 죄성이라는 현실을 받아들이지 않으려는 사람들이 있다(이런 사람들은 이전부터 있어 왔고, 앞으로도 있을 것이다). "왜 우리가 죄인이고 진정한 실존의 모습을 잃은 것입니까? 하나님이 이런 상황을 허용하신 이유를 설명해 주지 않는다면, 나는 그 선언을 받아들이지도, 그에 따라 행동하지도 않을 것입니다." 다음 논지는 이러한 이의 제기를 효과적으로 다루는 방편이 될 것이다.

우리가 인간 실존에 관해 받아들여야 하는 사실은 매우 많다. 처음에 왜 그렇게 되었는지를 이해하지 못한다 하더라도 말이다. 이유를 물을 수도 있지만, 그 질문에 답을 주지 못했다고 해서 상황이 바뀌지는 않는다. 우리는 모두 죽는다. 왜? 우리는 왜 영원히 살 수 없는가? 이 질문에 확실한 답이 없다고 해서 우리가 죽지 않는 것은 결코 아니다! 왜 당신이 죽어가는지를 내가 설명할 수 없다고 해서 당신에게서 죽음이 비껴가진 않는다! 상황은 그대로다! 죽음은 피할 수 없는 삶의 현실이다.

또 하나는 인간이 성적 결합을 통해 생육한다는 점이 인간 행동에 엄청난 영향을 끼친다는 사실이다. 인간은 왜 이런 방식으로 생육해야 하는가? 왜 우리는 상대방 없이도 생육할 수 있는 자웅동체가 아닌 것인가? 어째서 아메바처럼 성적 결합 없이 생육하지 않는 것인가? 이 질문에 대한 답 역시 그다지 설득력 있지 않다. 원래 그렇다고 소박하게 대답하는 수밖에 없다. 이 사실을 받아들이지 않으려고 아무리 발버둥 쳐봐야 상황은 바뀌지 않는다.

중요한 사실은 결국 우리 모두 삶이 지속되는 한, 상황이 이렇게 흘러갈 수밖에 없음을 받아들이는 것이다. 죄 역시 마찬가지다. 죄는 눈 앞에 벌어진 상황이고, 아무리 열띤 논쟁을 벌여 봐야 상황은 변하지 않는다. 맨 처음에 죄가 어떻게 생겨났는지를 놓고 입씨름을 벌이느니 어떻게 하면 이 상황이 변할 수 있을지를 논의하는 편이 더 중요하다!

기독교의 선포는 현 단계의 실존을 언급하고 그 거짓됨을 폭로(또는 확증)한다. 그리고 그것을 가리켜 "죄"라고 이름 붙인다. 밤하늘을 바라보면서 하나님의 존재를 느끼고 성경이 제시하는 인간관과 기독교의 선포를 받아들이게 될 수 있듯, 죽음의 불가피성을 생각하면서 우리 실존의 거짓됨을 느끼고 성경이 제시하는 인간관과 기독교의 선포를 받아들이게 되기도 한다.

한편, 성경을 읽어 하나님의 살아 계심을 깨닫고 그 후 밤하늘을 바라보며 우리의 어쩔 수 없는 자아상을 발견하듯이, 성경을 읽고 우리 존재 양식의 거짓됨을 깨달은 후 죽음의 불가피성을 성찰하면서 어쩔 수 없는 자아상을 발견하기도 한다. 이 두 경우 모두 동일한 근본적 각성이 일어난다. 우리의 선천적인 실존 양식, 즉 잠시 보이다 없어지고 마는 덧없는 물질과 이 세상에 얽매인 실존 양식은 비본래적임을 깨닫고, 진정한 존재 양식에서 멀어진 우리의 상태를 어떻게 끝내고 극복할지를 묻는 방향으로 나아가는 것이다.

### 복음과 본래적 실존

신약은 인간이 보편적으로 처해 있는 비본래적 실존이 본래적 실존으로 변화될 수 있다고 선포한다. 이것이 이신칭의라는 교리에 압축되어 있다. 본래적 인간 실존의 가능성을 선포하는 신약의 주요 내용은 다음과 같다.

1. 인간의 타락, 즉 본래적 실존에서 아득히 멀어진 인간 소외를 깨닫는다.
2. 본래적 실존은 예수 그리스도의 죽음과 부활을 통해 선물로 주어진다는 것을 안다.
3. 믿음의 삶으로 이 본래적 실존이 구현된다.

이 내용을 하나씩 살펴보기로 하자.

성경은 인간이 하나님의 형상으로, 그분의 자녀가 될 의도로 창조되었다고 힘주어 말한다(창 1:26). 그러나 인간은 창조주가 아닌 피조물을 예배하면서 이 가능성을 잃고 말았다. 그리하여 우리는 이 세상의 노예가 되고, 우리의 존재와 관심은 온통 덧없고 물질적인 것들에 매이게 되었다. 본래적 실존 방식, 참된 존재의 모습에서 빗나가게 된 것이다.

실존주의가 원죄 개념을 상당히 잘 밝혀낸 것은 분명하다. 실존주의는 원죄를 참된 실존과 존재 방식에서 소외된 것으로 이해한다. 죽음과 소멸의 끊임없는 위협은 이 실존의 비본래성을 폭로한다. 그리고 이 불안(앙스트)이 기독교적 선포와 맞닿는 접점이다.

원죄 교리는 인간이 실존적 상황에 갇혀 있고 거기서 빠져 나올 수 없다는 심각하고 무거운 주장이다. 탈출은 인간 밖에서 일어나야 한다. 우리는 모두 불합리해 보이지만 빠져 나올 수 없는 세력에 사로잡혀 있다는 생각에 매우 익숙하다. 거리에 나가 보라. 술, 마약, 도박, 도색 영화, 그 밖에도 꼬집어 말할 수는 없지만, 도시의 거리는 분명한 부조리로 기울어지는 인간 경향을 침울하게 증거한다.

인식적인 차원에서 우리는 이성적 존재가 이런 식으로 갇혀 있다는 것이 부조리임을 알고 있다. 그렇지만 깨뜨리고 나오기가 어렵다는 사실도 알고 있다. 각종 중독은 일반적이면서도 폭넓은 인간의 노예근성과 죄로 인한 속박을 보여주는 단편이다. 코카인에 중독된 사람이 자신의 중독 증상을 알면서도 그 악습을 깨부술 수 없듯이, 실존적으로 막다른 골목에 몰려 있음을 알더라도 그 지식이 우리를 구해 주지는 못한다. 구(舊) 자유주의학파의 신학자들은 이런 인식과 탈출을 동일시했다. 사실을 올바르게 알면, 이 헛된 꿈에서 빠져 나올 수 있다고 본 것이다.

당신은 지금 감옥에 갇혀 있다. 감옥에 갇혀 있어도 얼마든지 자유로울 수 있다. 이 사실을 안다면 그 후로는 자유인으로 살아갈 수 있다. 그러나 이런 견해는 인간 본성을 얼마나 천박하고 어리석고 낙관적으로만 본 것인가! 우리의 거리는 인간이 처한 곤경에 대해, 우리가 감히 어찌할 수 없는 힘에 묶여 노예가 된 현실에 대해 냉혹한 증언을 쏟아놓는다. 이신칭의 교리는 인간의 실존적 상황이 인간 밖에서 일어난 행동으로 말미암아 변화될 수 있다고 선포한다. 하나님이 그 상황 안으로 들어오셔서 진실을 선물로 주시는 것이다. 우리는 그 곤경이 찾아온 근본 원인을 바로잡을 능력이 없지만, 하나님은 예수 그리스도의 죽음과 부활을 통해 변화시키신다.

복음은 타락한 인간이 예수 그리스도의 죽음과 부활을 통해 본래적 실존을 **선물** 받는다고 선언한다. 본래적 실존은 우리가 성취할 수 있는 것이 아니다. 하나님이 우리에게 제공하시는 것이다. 복음은 우리의 현존재를 심판하고, 마치 의사가 질병을 진단하듯 우리 삶이 진실하지 않다고 판결한다. 그런 다음, 참된 존재 양식에서 한참 멀어진 상태를 철회할 수 있는 가능성을 제시한다. 우리는 자기충족을 꾀하지 않도록, 덧없는 것에 목숨을 걸지 않도록 권유받는다. 그리고 우리의 실존을 영원하시고 살아 계신 하나님의 약속에 올려놓으라고 요청받는다.

신약에 따르면 진정한 본성을 획득하는 일은 우리가 쟁취하거나 임의로 다룰 수 있는 것이 아니다. 그렇게 하는 것은 자기 의, 행위로 얻는 칭의다. 타락한 인간이 자신을 의롭게 하기 위해 기울이는 모든 노력은 실패로 돌아간다. 자기충족이라는 망상에 기초해 있기 때문이다. 인간 존재는 상황을 초월한 존재에 의해 자신의 상황에서 해방되어야 한다. 그래서 인간을 상황에서 해방시키는 일은 인간 자신의 바깥, 즉 예수 그리스도의 삶과 죽음, 부활에서 일어난다. 타락한 인간에게 본래적 실존을 가능하게 하시려고 인간 역사에 개입하신 분이 바로 하나님이다. 자기 자신, 본래적인 자신이 되기 위해서는 자유로워져야 한다. 이 일은 우리 힘으로는 도저히 할 수 없는 일을 우리를 위해 해주신 하나님의 은혜로 말미암는다.

그렇기 때문에 이신칭의는 심판의 말이자 생명의 말이다. 이신칭의는 우리 자신에 대한 몽상과 헛된 꿈을 폭로하고 깨뜨린다. 우리가 죄에 물든 존재, 그렇기 때문에 반드시 죽어야 할 부적절한 피조물임을 드러낸다. 또한 이신칭의는 예수 그리스도의 죽음과 부활을 통해 죽음(유한한 인간 실존을 최종적으로 마무리하고 한계 짓는 사건)과 맞서 승리하였다고 우리에게 선언한다. 믿고 구속받은 인간 실존에게 마지막 사건과 한계는 죽음이 아니라 부활이다. 부활로 이르는 길이 비록 십자가라는 피할 수 없는 그림자로 뒤덮여 있지만, 우리는 그리스도께서 이 길을 성큼성큼 걸어가셨고 이 길을 따르는 모든 자에게 영생을 약속하셨음을 기억하고 안심한다.

죽음은 인간 실존에서 여전히 큰 자리를 차지하는 사건이지만, 부활로 들어가는 입구인 최종 전(前) 사건으로 인식된다. 그리스도 예수를 죽은 자들 가운데서 일으키신 그분의 권능을 믿음으로 주장할 때, 인간 존재는 유한하고 죽음에 매인 실존의 한계를 넘어서게 된다. 죄, 죽음, 유한성을 부인하려는 욕망으로 대변되는 비본래적 실존이 믿음으로 말미암아 본래적 실존, 곧 기꺼이 죽음의 현실을 당당히 마주하면서 죽음을 이기신 그리스도의 승리를 자기 것이라 주장하는 실존에게 자리를 내주게 된다.

신약은 인간 상황에 찾아온 이 결정적인 변화를 여러 가지 이미지로 선포한다. 타락한 비본래적 실존 양식은 어둠과 죽음의 길로 지칭되는 반면, 진실하고 믿음이 있으며 구속받은 실존은 빛과 생명의 길로 지칭된다. 영어로 "생명"(life)이라고 옮길 수 있는 헬라어는 두 가지다. 하나는 단순히 생물학적인 생존을 나타내는 "비오스"(bios)라는 단어다. 이것은 지표면에서 살아 움직이고 있음을 말하는 것이다. 한편 "조에"(zoe)는 요한복음에서 "충만한 생명" 또는 "충만하고 진실한 인간 실존"을 나타내기 위해 쓰인 말로, 단순한 생물학적 생존을 뛰어넘는 존재 양태를 가리킨다.

요한은 예수 그리스도가 우리로 "충만한 생명"(요 10:10, 20:31)을 얻게 하시려고 이 땅에 오셨다고 선언한다. 세상에 생명을 주시는 분은 예수 그리스도이시다. 그분은 생명의 떡(요 6:35)이시고, 부활이며 생명(요 11:25)이시다. 하나님이 우리에게 원하시는 본래적 실존의 모습은 예수 그리스도의 삶과 죽음, 부활을 통해 현재적이고 실제적인 것이 된다. 우리 힘으로는 도저히 얻을 수 없는 것이 하나님의 선물로 우리에게 주어진다. 복음은 믿는 자들에게 영생을 약속한다(요 6:40, 51, 53-58). 이 생명은 지금 여기에서 진실하고 믿음이 있으며 구속받은 실존, 그러나 장차 올 것의 첫 열매로 그 자태를 드러낸다.

여기서 한걸음 더 나아가보자. 잘 알려져 있듯이 요한복음은 하나님의 심판이 아득한 미래 일이 아니라 지금 여기서 시작되었다고 강조한다. 심판이 지금 이르렀다. 그래야 지금 영생이 시작될 수 있다(요 12:31). 복음 선포는 우리의 비본래적 실존에 심판을 내리고, 그 실체를 온 세상에 드러낸다. "세상의 빛"이 인간의 죄를 조명하고 폭로하듯이(요 3:19-21), 예수 그리스도는 우리의 실존 양식을 심판하고 그것이 비본래적이라고 폭로한다. 바로 우리로 하여금 이 심판에 따라 행동하여 본래적 실존을 추구하게 하시기 위해서다.

그러면 이 본래적 실존은 어디서 찾을 수 있는가? 어떻게 이 실존을 얻을 수 있는가? 이때 우리는 우리를 심판의 말씀에 마주 서게 하신 그분이 또한 생명의 말씀에 마주 서게 하시는 분임을 깨닫는다. 죄의 실체가 폭로되고 그분의 참되고 구속하시는 임재로 우리의 실존이 변화되는 것은 예수 그리스도께서 이 세상으로, 그리고 우리의 인격적인 실존 안으로 오심을 통해서다. 우리가 구원받는 것은 심판(다시 말해 우리가 처한 상황이 숨김없이 그대로 드러나는 것)을 통해서다. 예수님은 우리를 심판하실 뿐 아니라 구원하려고 오셨다(요 12:44-47).

바울 역시 비슷한 논점을 제시한다. 특히 "육체"(사르크스[sarx])와 "영"(프뉴마[pneuma])이라는 변증법에서 그 사실을 알 수 있다. 타락한 비본래적 인간 실존은 "육을 따른다"(카타 사르카[kata sarka]). 반면 본래적 실존은 "영을 따른다"(카타 프뉴마[kata pneuma]).[3] "육체"라는 말은 신체나 성적인 측면을 말하는 것이 아니다. 하나님을 떠나 한시적이고 덧없는 세상과 물질로 향하려는 인간 실존의 모습을 말한다. 마찬가지로 "영"은 영적인 어떤 실재를 말한다기보다는 하나님과 그분이 약속하신 영생을 믿는 믿음으로 향하려는 인간 실존의 모습을 말한다.

"영을 좇아 사는" 사람은 "육체를 좇아 사는" 실존의 허망함을 알고, 그런 삶을 거부한다. 우리는 세상과 육체의 폭정과 압제에서 해방되어 하나님의 자녀가 되는 자유를 얻었다. "육체를 좇는 삶"은 세상적인 삶, 세상을 위한 삶, 그래서 하나님을 거스르는 삶이며, "영을 좇는 삶"은 세상에 살지만 하나님을 위해서 사는 삶이다.

비본래적 실존은 세상을 우리가 사는 곳뿐 아니라 우리 실존의 울타리이자 규범이라고 생각한다. 반면, 본래적 실존은 세상을 우리가 사는 곳으로 생각하지만, 우리 실존의 이유와 근거는 하나님이라고 생각한다. 다시 말해 그리스도인은 세상에 살지만 세상에서 나지 않은 자들이다(요 17:6-19).

요한복음은 이 요점을 더 발전시킨다. 앞서 우리는 "세상"이 어떻게 인간 실존에 두 가지 의미로 다가올 수 있는지 알아보았다. 하나

---

3   그래서 로마서 8장 4절은 믿는 자들이 육체를 따라 살지 않고 성령을 좇아 산다고 선언한다. NIV 성경은 이 부분을 이렇게 번역한다. "죄 된 본성을 따라서 살지 마시오. 오히려 성령을 좇아서 사시오"(who do not live according to the sinful nature but according to the Spirit). 이 번역은 "육체"를 "죄 된 본성"(sinful nature)이라고 제대로 번역했다.

는 중립적인 의미로 단순히 "우리가 사는 곳" 또는 "다른 인간 존재가 거하는 곳"이다. 다른 하나는 부정적인 의미로 "실존에 대한 위협"이다. 부정적인 의미에서 "세상"은 우리를 압도하고, 임시적이고 덧없으며 곧 흘러가버리고 말 것들에 집착하게 해서 우리를 얽어매려는 세력을 뜻한다.

요한복음이 같은 단어를 이렇게 두 가지 의미에서 사용한 사실은 매우 흥미롭다. 요한복음에서 "세상"은 종종 중립적인 의미로 쓰였다. "하나님이 세상을 이처럼 사랑하사 독생자를 주셨으니 이는 그를 믿는 자마다 멸망하지 않고 영생을 얻게 하려 하심이라"(요 3:16)는 말씀이 그 경우다. 그러나 마지막 부분으로 갈수록 "세상"이 부정적인 어조를 띠는 경우가 많아진다. "진정한 기독교적 실존에 대한 위협"이라는 의미를 갖는 것이다(예를 들어, 요한복음 15장 18-19절, 16장 33절). 여기서 세상은 신앙에 해로운 영향을 끼치고, 신앙을 압도하며, 부름받은 신자를 그 부르심의 자리에서 물질적이고 실질적인 것들이 득세하는 세상으로 뒷걸음치게 만드는 세력으로 보인다.

"세상을 이김"이라는 위대한 주제는 요한복음 후반부의 특징으로 두드러진다. 이 주제는 주로 믿음에 가해지는 세상의 위협에서 승리하는 것을 말한다. 그래서 그리스도인은 세상에 살고 있으나 세상에 속하지 않았다고 말할 수 있다. 다시 말해 (중립적인 의미에서) 세상에 살지만, (부정적인 의미에서) 세상이 제시하는 비본래적 실존을 공유하지 않는다는 뜻이다. 그렇지만 세상에 대한 이런 부정적인 측면은 믿음의 관점에서만 제대로 파악될 뿐이다. 믿음이 있어야만 예수 그리스도가 이 세상에 내린 심판을 인식할 수 있다.

그러므로 이신칭의 교리는 본래적 실존의 모습에서 한참 멀어진 상태를 해소할 가능성을 선언한다. 이 교리는 우리의 노력으로는 절대 얻을 수 없는 참된 실존의 모습을 선물로 받는다고 천명한다. 이신칭의는 비록 우리가 여전히 세상에 남아 있지만, 우리의 실존을 변화시켜 더 이상 세상의 가치에 짓눌리지 않고 죽음의 공포에 떨지 않게 하겠다고 제시한다.

하나님은 예수 그리스도를 통해 세상을 이기셨고, 그렇게 하셔서 세상의 억압에서 우리를 풀어주셨다(요 16:33). 이렇게 하심은 우리가 세상에 살지만 세상에 속하지 않게 하시기 위해서다.

전에는 결코 그런 적이 없었을 텐데, 지금은 본래적 인간 실존에 관한 물음이 많은 사람을 괴롭힌다. 그래서 기독교 교리가 이 질문을 정면으로 맞닥뜨리고 나름대로 독특한 해결 방안을 내놓는다는 점을 안다는 것은 참으로 중요하다. 이 교리는 사상사의 박물관에 처박혀 있어야 할 구시대의 유물이 아니다. 과거에도 그랬듯이 오늘날에도 여전히 적합한 인간 실존의 의미와 마지막에 관한 확언이다.

### 복음과 실존의 접점

여러 세대에 걸쳐 사상가들은 기이하고 불행한 인류의 역사를 설명하려고 시도해 왔다. 죄와 인간의 불행처럼 추적하기 어려운 사실 말이다. 이 문제를 좀 덜 지혜롭게 설명하는 방법이 있다. 바로 인간이 처한 비참한 상태는 정치·경제 구조, 기타 외부 요소에 원인이 있다고 돌려 문제를 외향화(外向化)하는 것이다. 그러나 인간의 불행을 좀 더 사려 깊고 설득력 있게 설명하려면, 인간 본성 자체를 문제의 뿌리로 건드리지 않을 수 없다. 이 문제는 경제적이고 사회적인 구조로 얼버무릴 수 있는 것이 아니다.

프랑스의 위대한 실존주의 철학자 알베르 카뮈는 인간 본성에 내재된 이 문제를 우리 본성 안에서 일어난 소외, 결백 상실로 파악한다. 그는 타락에 대해서, 그리고 본향에서 쫓겨나 대대로 타지를 불행하게 전전하면서 돌아갈 길을 찾고 있는 박탈감에 대해서 거의 성경 용어를 써서 말한다. 본향은 어디인가? 어떻게 찾을 수 있는가? 여기서 우리는 인간 실존의 가장 깊은 곳에서 한 접점을 찾아낸다. **상실**, 소외, 거짓됨이라는 느낌이다.

복음은 충만하고 의미 있는 실존을 원하는 사람들에게 선포된다. 인간의 실존 상황을 분석한 다음, 그 상황이 개별적으로 변화될 수 있는 방편을 소개한다. 실존의 표피 근처에는 죽음과 소멸의 공포, 무의미한 삶이 드리운 깊고 어두운 두려움의 그림자가 깔려 있다. 복음은 이것들을 폭로하고 수면 위로 떠올린다. 이렇게 해야 맞닥뜨리고 다룰 수 있기 때문이다. 복음은 죽음과 무의미에 대한 공포와 정면 대결한다. 그리고 이때 죽음을 대면하여 정복하시고 삶에 존엄성과 의미를 돌려주신 분에 대해 이야기한다.

더 중요한 것이 있다. 복음은 죽음을 피하고 세상에서 도망하려는 인간의 자연스러운 욕구를 본래적 실존 방식에서 멀어졌다는 징후로 파악한다. 즉 죽음과 그 결과에 대한 두려움은 인간이 근본적으로나 전반적으로 하나님에게서 소외된 현상이라고 보는 것이다.

복음은 이처럼 인간의 불안(앙스트)이 의미하는 바를 확증한다. 즉, 인간이 실존하는 방식에 무엇인가 잘못이 있다고 인정하는 것이다. 게다가 인간의 실존적인 상황은 하나님이 예수 그리스도 안에서 우리를 위해 이루신 일을 받아들이고 그 유익을 자기 것으로 만들 때 변화될 수 있다고 한다. 우리 힘으로는 얻을 수 없던 것이 우리에게 제공된다. 앞서 우리는 복음과 연관 지어 인간 상황을 분석해 보았다.

표1.

| 맥락적 상황 | 이전 | 예수님을 통한 새로운 경험 | 이후 |
|---|---|---|---|
| 용납 | 거부 | 사랑 | 용납 |
| 방향성 | 길 잃음 | 부르심 | 길을 찾음 |
| 잔치 | 권태 | 잔치의 주인 | 기쁨 |
| 의미 | 부조리 | 말씀 | 합리 |
| 해방 | 압제 | 해방 | 해방 |
| 변화 | 무명(nobody) | 초대 | 유명(somebody) |
| 교제 | 고독 | 임재 | 공동체 |

복음은 이 실존의 영역 하나하나를 향해 선언한다. 예를 들어서 복음은 우리가 어딘가에서 누군가에게 용납된다는 점을 말하기 위해

거부당했다는 우리의 실존적 느낌을 이야기한다. 하이데거에 따르면 "세상에 쉴 집이 없다"는 뿌리 깊은 느낌이다. 도무지 받아들일 수 없는 사실이긴 하지만 복음은 우리가 하나님께 용납되었다고 가르친다. 세상에 버림받은 우리의 처지는 하나님의 받아들여주심으로 변화된다.

복음은 접점을 찾아내고, 이 세상에 쉴 곳이 없다고 느끼게 한다. 그리고 이런 접점과 느낌을 어딘가에 놓여 있는 우리의 성취 과제, 목적, 운명이라고 해석한다. 복음은 하나님의 받아주심, 예수 그리스도 안에서 나타난 하나님 사랑에 반응하여 얻을 수 있는 성취감과 존재 의의에 대해 확정적으로 말한다. 우리를 향해 세상에 있지만 세상에 속하지 않은 존재라고 말한다. 세상을 "놀이터"로 규명하는 것이다(하이데거). 세상 안에서 놀지만 성취감의 근거는 다른 곳에 있기 때문이다.

이런 분석은 앞 표에 나온 나머지 항목에도 적용될 수 있다. "변화"라는 항목을 살펴보자. 죽음이 인간 실존에 드리우는 위협은 중요한 의미에서 더 이상 존재하지 않는다는 것이다. 우리는 정체성을 잃고 무명인(無名人)이 된다. 기독교는 개인적인 정체성이 (불교에서 말하는 열반처럼) 절대자에게 함몰되어버린다고 말하지 않는다. 하나님이 우리의 정체성을 완성하시고 온전하게 하시려고 그것을 굳게 붙드신다고 말한다. 이렇게 해서 우리는 유명인(有名人)이 된다. 단순히 생물학적 수준(비오스)에서 사는 것이 아니라, 충만한 생명(조에)을 끌어안는다. 실존에 가해진 위협은 극복되고 해제된다.

여기서 기독교의 부활에 대한 이해를 말하지 않을 수 없다. 기독교의 부활은 죽음 이후에도 개별적인 정체성이 연속된다고 강조하기 때문이다. 하나님은 우리가 의미 있는 존재라고, 그분에게 소중하다고, 그분에게 한 개인의 정체성은 다른 누구의 정체성과도 구별된다고 단언하신다. 다른 항목들에도 이런 분석을 적용해 볼 수 있다.

앞에서 우리는 "객관적인 지식"과 "주관적인 지식"에 대해서 말했다. 이신칭의 교리는 "본연의 하나님"(데우스 인 세[Deus in se])에 관한 객관적인 지식과 그다지 상관이 없다. 오히려 "우리에게 나타나시는 하나님"(데우스 프로 노비스[Deus pro nobis])에 관심이 있다. 이 교리 위에 세워지고 이 교리를 구체화하는 기독교의 선포는 "의롭다 하시는 하나님"(데우스 이우스티피칸스[Deus iustificans])에 관한 것이다(루터). 즉 우리를 아시고 우리의 경험 안으로 들어오셔서 변화시키시며, 본래적 실존에서 멀어진 우리의 소외를 없애셔서 하나님 자녀로 그 영광스러운 자유를 누리게 하시는 하나님에 관한 것이다. "이 문제에 관한 한 우리는 주도권자가 아니다. 하나님이 우리를 다루신다."(루터)

우리 자신과 우리가 지닌 것을 넘어선 것들이 은혜를 통해 우리에게 주어지고, 우리는 믿음으로 그것을 받는다. 인간이 이 땅에서 살고 언젠가는 죽는다는 것을 아는 한 본래적 실존의 복음, 죽음을 관통하는 생명의 복음, 예수 그리스도의 죽음과 부활을 통한 이 복음은 늘 비범하면서도 적합할 것이다. 우리는 복음 선포를 통해서 진정한 인간 실존의 가능성(이것은 선물이다!), 곧 하나님과 더불어 그분을 위하여 살며 십자가에 처형되셨다가 부활하신 그리스도를 영접하여 용서받고 새로워진 존재가 되는 가능성을 전해 듣는다. 이것은 인류에게 매우 좋은 소식이다. 특히 현대 사회를 놓고 볼 때 **지성적**이며 훌륭한 소식이 아닐 수 없다!

# 6장

# 인격적인 측면

JUSTIFICATION BY FAITH

오늘날 많은 사람에게 개인적인(personal, 또는 인격적인) 성장과 발전, 관계와 성취는 인생에서 중요한 과제다. 현대 사회의 중요한 전제들 가운데 일부는 "개인"이라는 개념과 연결되어 있다. 이를테면 목적과 의미와 같은 전제 말이다. 그런데 "개인적"이란 무슨 뜻인가? "개인적"이라는 말과 "개별적"(individual)이라는 말은 어떻게 다른가? 또한 이신칭의 교리는 "개인"에 대한 관심을 어떤 식으로 나타내는가?

첫째, 그리스도인은 하나님을 인격적인(personal) 존재로 생각하고 이야기하는 것이 자연스럽고 유익하다고 여겨왔다. 신구약은 일관되게 하나님이 사랑, 동정, 자비, 자애, 목적의식, 진노와 같은 속성을 지닌 분이라고 말한다. 그래서 우리는 자연히 하나님을 인격적인 특성을 지닌 분으로 생각하게 된다. 예수 그리스도의 죽음과 부활을 통해 하나님과 신자 개인 간에 개인적인(또는 인격적인) 관계가 세워진다는 개념은 하나님이 인간을 대하시는 방법을 이해하는 데 결정적인 도움을 준다고 여겨져 왔다. 그래서 바울은 남편과 갈라선 여인이 그 관계를 회복하는 모습(고전 7:11)과 예수 그리스도를 통하여 하나님과 우리의 관계가 회복되는 모습(고후 5:18-20)을 설명할 때, 같은 동사(한글 성경은 "화합하다", "화목하게 하다"로 번역되었다_편집자)를 썼다.

현대 기독교 작가들은 훨씬 과감하다. 그들은 하나님을 인격적인 분이 아닌 ("권능"과 같은 용어로 표현되는) 관념적 실재로 생각하는 것은 하나님의 본성에서 핵심적인 면을 놓치는 것이라고 강조한다![1]

우리는 앞에서 구약의 "의" 개념이 인격적인(개인적인) 관계에 뿌리를 둔 것으로 이해된다고 지적했다. 그래서 의롭게 된다는 말은 인격적인(개인적인) 관계에 충실하게 된다는 뜻이라고 설명했다. 즉 그 관계에 따르는 의무, 책임, 특권에 따라 행한다는 의미다.

구약 기자들이 늘 문제 삼은 관계는 하나님과 그분의 백성 이스라엘의 관계다. 이 관계와 연관된 "칭의"라는 단어 역시 이러한 인격적인 의미를 담고 있을 뿐 아니라 개인적인 관계를 **바로잡는 것**을 뜻하기도 한다. 어떤 사람을 의롭다 하는 것은 그가 상대편과 바른 관계에 놓였다는 뜻이다. 우리가 이 장에서 살펴볼 이신칭의의 또 다른 측면은 바로 인격적인(개인적인) 측면이다.

---

[1] 이를테면 C. S. 루이스 같은 사람이 그렇다. 그의 *Letters to Malcolm: Chiefly on Prayer*(New York: Harcourt Brace Jovanovich, 1955. 『개인기도』, 홍성사), 63-65를 보라. 이 점에서 우리는 용어 선택에 어려움을 느낀다. "인격"이라는 용어는 하나님에 관한 교리와 관련해서 약간 다른 두 가지 의미를 가지고 있다. 하나는 하나님이 한 인격이시라는 의미이고, 다른 하나는 세 인격이시라는 의미다. 세 인격이신 하나님에 관한 삼위일체론적 교리가 인격적이신 하나님 개념을 암묵적으로 포함한다는 것을 입증하는 책으로는 Alister McGrath, *Understanding the Trinity*(Grand Rapids: Zondervan, 1988)를 보라.

## 인격주의의 기초

최근 하나님을 "인격적인 분"으로 여기는 추세가 다시 고개를 들고 있다. 이런 추세는 인격주의 철학자 마르틴 부버의 저술에서 비롯되었을 것으로 보이는데, 우리는 그의 철학을 일반적으로 "대화적 인격주의"(dialogical personalism)라고 부른다.[2] 이 철학은 하나님의 본성과 그분이 인간을 대하시는 방식을 현대적으로 설명하려는 시도에 크게 기여했다.[3] 따라서 이 장에서는 이 철학이 이신칭의 교리를 현대적으로 이해하는 데 어떻게 적절한 다리를 놓아주는지 살펴보고자 한다.

부버에 따르면 사물을 경험하는 데는 두 가지 방식이 있다. 하나는 **경험**이고, 다른 하나는 **만남**이다. "경험"을 이해하려면, 우리가 바라봐주기를 기대하면서 탁자 위에 놓여 있는 돌을 생각하면 된다. 우리는 돌을 바라보고 집어 들어서 이렇게 저렇게 다룰 수 있다. 무게를 달아볼 수 있고, 화학적인 성분을 검사하기 위해 일부를 채취해 검사실로 보낼 수도 있다. 돌은 완전히 수동적으로 그 자리에 있다. 자기를 노출하지만 알려주는 것이 전혀 없기 때문에, 그것에 관한 지식을 얻거나 이해를 확보하기 위해 어떤 활동을 해야 할 쪽은 우리다.

우선 우리가 돌을 찾아 나서야 한다. 돌은 우리를 찾지 않는다. 일단 돌을 찾은 뒤에는 그것이 무엇인지 알아내기 위해 이모저모 살펴

---

2  부버의 가장 영향력 있는 책 *I and Thou*는 Walter Kaufmann(New York: Scribner, 1970)의 번역본으로 읽어야 한다.
3  예를 들어 기독론 분야에서는 Alister E. McGrath, *The Making of Modern German Christology: From the Enlightenment to Pannenberg*(New York: Basil Blackwell, 1986), 101-3을 보라.

보아야 한다. 돌은 우리에게 자신을 알려주지 않는다. 관계의 측면에서, 우리가 주도적이고 돌은 수동적이다. 살아 있는 물체 대부분과 우리가 맺는 관계 역시 이런 모습이다. 돌이든 물고기든 마찬가지다. 우리는 그것들을 경험한다. 그러나 그것들은 우리의 앎과 이해에 주도적인 도움을 주지 못한다. 게다가 돌은 우리가 경험한다고 해서 변하지 않는다. 돌은 변하지 않은 채 그저 그 자리에 있다(화학 분석을 위해 돌가루를 조금 떼어내지 않는다면). 돌은 관계에 참여하지 않기 때문에 관계에 영향을 받지도 않는다. 부버가 지적했듯이 "세계는 경험에 참여하지 않는다. 단지 경험됨을 허용할 뿐이며, 관여함에는 닫혀 있다. 그래서 아무것도 기여하지 않으며 아무 사건도 일어나지 않는다."[4]

우리는 **객체**와 **주체**를 구분하여 이 요점을 더 발전시킬 수 있다. 객체는 수동적인 사물로, 관찰할 수 있다. 그러나 그것 자체를 먼저 드러내지는 않는다. 주체는 능동적인 사람이다. 먼저 나서서 알고 이해한다. 탁자 위에 놓인 돌 비유로 돌아가 보자. 이때 돌은 객체이고, 돌에 대한 지식을 얻으려는 사람은 주체다. 부버는 이런 경험 유형을 "나'-'그것"의 경험이라고 말한다. 이것은 우리가 수동적인 객체와 맺는 관계를 말한다.

대조되는 예를 하나 들어보자. 당신은 지금 파티에 와 있고, 어떤 사람에게 소개되었다. 그 사람과 돌의 차이는 무엇인가? 얼핏 보기에도 네 가지 명백한 차이가 있다.

---

4 Buber, *I and Thou*, 56.

첫째, 돌의 경우 주도적으로 알고 이해해 가는 쪽은 당신이다. 그러나 당신이 누군가를 소개받은 경우, 주도권은 당신을 소개한 사람이나 당신이 소개받은 사람에게 있다고 느낄 것이다. 당신이 그들에 대해 무언가를 알게 될 기회를 잡기 전에 그들이 주도할지도 모른다. 당신이 그들을 탐색하기 전에 그들이 먼저 당신을 탐색할 것이다.

둘째, 돌은 수동적이므로 당신에게 어떤 것도 드러내지 않는다. 당신이 직접 그 어려운 일을 해내야 한다. 그러나 파티에 온 사람의 경우, 그들은 당신에게 자신을 드러내기 시작할 것이다. 당신은 그들에 대해 어떻게 알아갈 수 있을지 고민할지 모른다. 그러나 그들이 자신에 관한 모든 것을 당신에게 털어놓을 것이다.

셋째, 돌은 당신이 누구인지 알 길이 없지만, 사람은 이런저런 질문들을 던져볼 기회가 있다. 당신에게 말을 건네올 수도 있다. 돌의 경우, 당신은 모든 것을 묻는 위치에 있다. 그러나 사람의 경우, 당신이 이것저것을 묻는 동안 그들도 당신에게 이것저것을 물을 수 있다.

넷째, "그것"은 우리가 경험한다고 해서 변하지 않는다. 돌은 여전히 돌이다. 그러나 "나"와 만남으로 "당신"은 변할 수 있다. 물론 "당신"과 만남으로 "내"가 변할 수 있기도 하다. 이런 관계는 얼마든지 상호 변화를 줄 수 있는데다 창조적이기도 하다. "나"와 "당신"은 서로 관계에 참여하고 기여한다. 호혜적이고 상호부조적이다.

이 네 가지 사항을 알면 부버가 말한 "나"-"당신"의 관계가 무엇인지 규명할 수 있다(부버의 저작을 영어로 "I-Thou"라고 옮긴다. "당신"이 복수가 아닌 단수임을 강조하기 위해서다. "I-Thou"라는 문구가 지나치게 예스럽다고 느낀다면

"I-You"라고 해도 되는데, 이때 "You"는 언제나 단수임을 명심하라). "나'-'당신"의 관계는 두 주체의 만남이다. 쌍방이 주체적으로 관계에 기여한다. 양 주체가 적극적이라는 점에서 이 관계는 "나'-'그것"의 관계와 다르다. "나'-'그것"의 관계에서는 양측 중 한쪽만 적극적이다.

그러므로 (1)"당신"은 "나"와 별개로 주도권을 잡을 수 있고, (2)"나"에게 "당신"을 드러낼 수 있으며, (3)"나"를 "당신"에게 드러내도록 할 수 있고, (4)"나"에 의해서 "당신"이 변화할 수 있다. "나'-'그것"의 경험에서는 이중 어느 것도 가능하지 않다. 우리가 "그것"에 통제력을 행사하고 "그것"과 관계하는 과정을 장악하는 반면, 사람인 "당신"과 맺는 관계는 예측할 수 없고 창조적이며 열려 있다. 그것은 거듭 발전하고 변화하기 때문에 새롭고 흥미로운 것이 된다.

## 인격이신 하나님

부버가 지적한 것처럼 우리는 하나님을 "당신", 곧 경험하는 객체가 아니라 만나는 주체로 대해야 한다. 많은 신학자가 끈질기게 사고하거나 문화나 세계, 천체(天體)를 연구하여 발견할 수 있는 객체로 하나님을 대하는 경향을 보인다. 그분을 통제할 수 있고 발견해낼 수 있는 분으로 여기는 것이다.

부버의 용어를 쓰자면, 하나님은 "당신"으로 대접받으셔야 하는데도 "그것"처럼 대접받고 있다. 이런 요점은 에밀 브루너 같은 신학자에 의해 계승되었다. 브루너는 "인격적인 하나님" 개념이 하나님의 존재와 본성과 관련된 주요 성경적 통찰을 어떻게 구체화하는지 보여주었다. 다음 요점들을 보면 그 의미를 자세히 알 수 있다.

첫째, 하나님은 우리에 대한 주도권을 잡고 계시다. 그분은 우리가 찾기 전에 우리에게 자신을 계시하셨다. 성경은 처음부터 끝까지 하나님의 은혜로운 자기 계시를 말한다. 인간이 하나님을 발견하거나 그분의 존재에 대한 합리적인 증거를 발견하는 것을 말하는 것이 아니다. 하나님은 처음부터 자기를 계시하시고, 자기를 알리시며, 자기를 드러내시는 분으로 나타나신다.

하나님은 우리에게 말씀하셔서 우리와 만나시는데, 이 만남은 선물이다(이것은 뒤에서 따로 다룰 것이다). 하나님을 찾으라고 요구하지 않으신다. 다만 하나님이 자신을 알리실 때 응답하라고 요구하신다.

둘째, "하나님"은 느긋한 기분으로 우리가 마음 내킬 때 탐색해 볼 수 있는 분이 아니다. 그분은 탁자 위에 놓여 우리의 조사와 연구를 기다리는 돌이 아니시다. 우리는 하나님이 다른 사람과 마찬가지로 자신의 뜻을 지니신 독립체라는 사실과, 누군가가 주체적으로 그분에게 다가오는 것을 허락하시는 분이라는 사실을 알아야 한다.

부버가 지적한 것처럼, 모든 "나-당신" 관계는 **은혜의 관계**다. 이때 전제는 "나"와 "당신"이 **기꺼이** 서로 얽히려 한다는 것이다. 쌍방은 관계 발전을 위해 서로를 드러내야 하고, 상대방이 자신을 만나는 것을 허락할 준비를 갖추어야 한다. 하나님은 우리를 만나시고 자신을 은혜의 관계 속에서 드러내신다. 그리고 그 관계 속에서 기꺼이 그리고 세밀히 자신을 우리에게 내보일 준비를 하신다. 그분의 은혜로운 자기 계시 외에 다른 곳에서 하나님을 찾는다는 것은, 이 만남을 완전히 무위로 돌리고 하나님을 마치 객체인 양 대하는 셈이다.

셋째, 하나님은 주로 자신을 인격적인(또는 개인적인) 형태로 드러내신다. 하나님은 개별 인격체인 우리에게 인격의 형태로 말씀하신다. 우리가 하나님의 분명한 자기 계시에 직면하는 것은 바로 예수 그리스도의 인격, 곧 "육신이 되신 말씀"(요 1:14) 안에서다.

이 계시가 한 인격 안에서 구체화할 때, 우리는 하나님을 인격적인 차원에서 생각할 수밖에 없으며, 그렇게 하는 것이 마땅하다. 이런 생각은 초기의 신인동형론(神人同形論)으로, 지적인 현대인에게는 맞지 않는다고 주장하는 사람들이 있다. 그런 사람들에게는 그들이 우리에게 취하게 하려는 철학적 신개념보다 이것이 훨씬 정련된 것임을 알려주어야 할 것이다. 이것은 우리와 신의 만남을 인격적인 관계로 파악한다. 인격적인 관계는 인간의 가장 고상한 가치이자 가장 심원한 감정이 아닌가!

하나님을 "사랑"이라고 말하는 것은 인간의 지고한 사랑 경험이 하나님의 본성에 대한 통찰을 준다고 말하는 것이다. "사랑"이라는 말이 어떤 사람들에게는 지나치게 저속하게 들린다면, 그들의 그 세련됨이 오히려 이 세상에서 우리가 맛볼 수 있는 가장 황홀한 경험을 방해하고 있다고 확신 있게 주장하고 싶다! 그러므로 하나님을 인격으로 말하는 태도는 성경이 하나님의 본성에 관해 보여주는 핵심적이고 본질적인 여러 가지 통찰에 충실한 관점이다.

이제 대화적 인격주의라는 통찰이 이신칭의 교리에 어떻게 적용될 수 있는지 살펴보자. 반드시 짚고 넘어가야 할 핵심은 이신칭의가 인격(개인)적인 관계라는 측면에서 재조명되어야 한다는 것이다. 이신칭의와 관련된 전통 용어 가운데 일부(이를테면 "전가"나 "법정적"과 같은 용어)는 많은 사람에게 낯선 반면, 인격적인 관계라는 개념은 실제로 겪는 경험이기 때문에 모든 사람에게 익숙하다.

우리는 모두 다른 사람들과 연관되어 일정한 관계를 맺고 있다. 우리는 관계가 시작되고 발전하는(또는 끝나는) 일에 익숙하다. 우리 자신의 경험이든 책에서 읽은 것이든 텔레비전 멜로드라마에서 본 것이든, 그것은 중요하지 않다. 우리는 인간의 경험에서 친숙한 접점을 얼마든지 찾을 수 있다. 잠시 사족을 달자면, 인격적인 경험이라는 범주는 서구 사회에 쉽게 수용되는 개념이다. 개념에 익숙한 신학자나 교사, 설교자는 이런 식으로 복음의 통찰을 전달하기 위해 이 접점을 활용하기 좋은 위치에 서 있다.

### 개인적인 관계

개인이 기본적으로 관계를 맺고 살아가는 개체라는 점에는 이견이 없다. 즉, 개인이라는 개념은 다른 사람과 맺는 관계망을 포함하고 있는 것이다. 개체(individual)인 인간은 고독하지만, 개인(person)은 다른 사람과 맺는 관계에서 존재한다. 그러면 두 개인의 관계가 어떻게 시작되는지 살펴보자.

먼저 부버가 말한 대로 주체인 두 개인의 경우를 되짚어보려고 한다. 세상이나 다른 사람과 관계 맺는 행위에서 양측은 모두 능동적이며, 수동적인 객체와 관계를 맺을 때에는 거의 전적인 통제력을 행사할 수 있다. 그뿐 아니라 다른 능동적인 주체와 관계를 맺을 때에도 어느 정도는 통제력을 행사할 수 있다. 이 점을 염두에 두고, 인격적인(개인적인) 관계가 어떻게 시작되는지 살펴보자.

A와 B, 두 사람이 있다고 하자. 이 둘은 서로 모르는 사이다. 이들이 만났을 때 A가 먼저 B에게 자신을 소개했다. 무슨 일이 벌어질까? 몇 가지 가능성이 있다.

1. A와 B는 서로에게 호감이 있다. 둘은 서로에 대해 무엇인가를 알아간다. 이들은 소설가 C를 좋아한다는 공동 관심사가 있음을 알게 된다. A는 관계를 좀 더 발전시키려고 하지만, B는 소설가 이야기 정도로 관계를 마무리하려고 한다.

2. A와 B는 서로에게 호감이 있다. 둘은 서로에 대해 무엇인가를 알아간다. 이들은 둘 다 원예에 관심이 있음을 알게 된다. A는 종자 수입상을 하고 B는 원예학으로 유명한 모 대학에서 화훼 분야 학위를 땄다. B는 "의미 있고 지속적인 관계를 갖고 싶다"고 밝히지만, A는 딱딱한 이론 이야기라면 사양하겠다고 말한다. 둘의 관계는 더 이상 발전하지 않는다.

3. A와 B는 서로에게 호감이 있다. 둘은 서로에 대해 무엇인가를

알아간다. 그러나 공동 관심사가 없음을 알게 된다. 그래도 서로에게 관심이 많다. 그 결과, 관계는 발전한다.

1, 2번 상황에서는 관계가 설정되지 않는다. 관계 설정으로 이어질 만한 충분한 움직임이 있었는데도 말이다. A와 B 모두 관계가 설정될 수 있는 준비를 갖추고 있지 못하다. 둘 모두 상황에 대해 통제력을 행사하기 때문에 관계가 발전될 수 없는 형태다. 서로에 **관해** 이런저런 점을 배워가지만, 서로를 **알지는** 못한다. 그 결과 그들은 서로 "그것"처럼 대한다.

인격이라는 개념의 핵심은 다른 사람과 관계 맺을 수 있는 자유이다. 그래서 이 자유를 거부한다는 것은 개인을 더는 인격으로 대하지 않고 물건, 즉 자기 운명에 대해 아무 말 할 수 없는 객체로 대하기 시작한다는 뜻이 된다. 오직 3번 상황에서만 A와 B는 관계를 발전시킨다.

이 점을 신학적으로 적용시켜볼 때에도 답은 명쾌하다. 하나님이 주도권을 잡고 선포의 말씀을 통해 우리와 대면하시고, 자신을 우리에게 계시하신다. 이것은 전적으로 은혜다. 하나님은 우리에게 무언가를 해주셔야 할 의무가 전혀 없지만, 우리를 향한 사랑 때문에 그렇게 하신다. 하나님은 우리를 위해 인격적인 모습을 하시고 우리의 경험 안으로 들어오셔서 우리를 있는 그대로 만나신다.

그분은 우리를 부르시며, 우리에게 말씀하시고 우정을 보이신다. 우리를 향하여 말씀과 행동으로 자신의 사랑을 선포하신다. 손수 지으신 피조물과 관계를 맺기 위해서 자신을 낮추신다. 그러나 인격적인 관계가 성립하려면 쌍방이 필요하다. 따라서 우리가 "예!" 하고 하나님께 응답하지 않는 한, 이 관계는 수립되지 않는다. 하나님은 우리에게 "싫습니다!"라고 대답할 수 있을 만큼 엄청난 특권을 주셨다. 그분은 우리를 객체가 아닌 인격으로 대하신다. 우리의 결단과 감정은 그분에게 대단히 중요하며, 그분은 그것들을 존중하신다.

보편구원론과 관련하여 볼 때, 이것은 상당히 중요하다. 오늘날 일부 신학 진영에서 보편구원론을 채택했는데, 그것은 저급한 기독교(sub-christian) 신관에 뿌리를 두고 있다.

## 보편구원론과 인격주의

이신칭의 교리의 적합성에 대한 한 가지 의문은 모든 인간 존재가 마침내 구원받을 것이라는 주장, 즉 보편구원론으로 알려진 이론과 관련 있다. 이 이론에 따르면 하나님은 인간을 사랑하시기에 아무도 정죄하지 않고 모든 사람을 구원하신다. 여러 면에서 이 이론은 매력적인데, 특히 모든 종교가 본질적으로 같은 타당성을 지니고 있다는 계몽주의적 견해에 매력을 느끼는 사람들에게 그렇다.

보편구원론이 옳다면, 이신칭의 교리는 분명 설득력과 적합성을 잃어버리고 말 것이다. 어쨌든 모든 사람이 구원받을 것이라면 구원을 선포하고 구원의 조건을 논할 이유가 사라져버린다. 그렇다면 이 이론은 옳은가?

겉보기에 이 이론은 매력적이지만, 사실 매우 거칠고 결함이 많다. 이 점에서는 펠라기우스주의와 전혀 다를 바가 없다. 매우 합리적이고 긍정적으로 보일지 모르지만, 이 이론은 철저하게 권위주의적이며 인간의 천부적 존엄성을 끊임없이 위협한다. 그 이유를 살펴보자.

하나님이 우리를 위하셔서 그분에게 "아니오!"라고 할 수 있는 엄청난 권한을 주셨음은 놀라운 일이다. 바로 이것이 한 인격을 객체와 구분하는 요소, 즉 "당신"을 "그것"과 구분하는 요소다. 용서와 새롭게 하심, 변화를 제안하고, 우리가 그것을 받아들이기만 기다리신다. 그러나 억지로 받아들이라는 것은 아니다. 요한복음에서 우리는 예수님이 한 병자를 만나 자비를 베푸시는 장면을 읽는다. 예수님은 불행을 당한 병자에게 "네가 낫고자 하느냐"(요 5:6)고 물으셨다. 그분이 제안하셨지만, 그것을 받아들일지 말지는 병자에게 달려 있었다.

하나님께 "아니오!"라고 말할 수 있는 이 특권은 반드시 존중되어야 한다. 이 특권을 가장 우스꽝스럽게 묘사한 것이 바로 "보편구원론"이다. 사실 이 이론은 인간 존엄성을 땅에 떨어뜨렸다. 이 이론에 따르면, 모든 사람은 마침내 구원받는다. 구원받기를 원하지 않을 수도 있지만, 그것에 대해서는 침묵한다. 좋든 싫든 모두 영원한 생명을 얻을 것이다.

이 이론을 떠받드는 사람들은 복음의 "배타주의"(어떤 사람들은 영원한 생명에서 배제되었다고 보는 견해)가 인간 존엄성을 외면한다며 격렬하게 반대한다. 그러면서 그토록 떠받드는 인간 존엄성을 그들도 모르는 사이에 왜곡하고 있는 것이다. 합리적으로 생각할 때 구원받기를 원하지 않는 사람이 있다면 어떻게 될까? 무엇보다 상당한 수의 사람들이 하나님께 영원히 붙잡혀 꼼짝 못하게 되는 신세는 어떤 대가를 치러서라도 피해야 한다고 생각하는 것이 명백한 현실 아닌가!

이것을 좀 더 살펴보자. 구원받기를 원하지 않는 사람이 있다고 해보자. 보편구원론자들이 인간의 자유 의지를 부인하지 않는다면, 이런 가능성은 진지하게 논의되어야 한다. 적어도 한 사람, 엄청나게 많은 무리 가운데 한 사람은 분명히 구원받기를 원하지 않을 것이다.

자, 하나님은 어떻게 하실까? 신약과 다른 곳에 나와 있듯이 전통적인 기독교의 가르침에 따르면, 하나님은 이 결정을 존중하실 것이다. 하나님은 모든 사람이 구원받기를 원하신다. 그렇지만 그분이 주신 자유를 동원하여 창조주이자 구속자이신 분과 관계 맺기를 거절하는 사람을 억지로 구원하지는 않으신다.

보편구원론자들은 다르게 생각한다. 그들은 하나님이 억지로라도 그 사람을 구원하셔야 한다고 믿는다. 그 사람의 자유와 존엄성을 무너뜨려가면서까지 구원하셔야 한다. 하나님이 강권적으로 의지를 행사하시고 개인의 소원을 무시하실 때, 하나님이 그 사람에게 주신 자유 의지는 여지없이 무시당한다.

보편구원론은 지나친 온정주의(paternalism)에 빠져서 하나님을 전횡적인 분으로 그리고 있다. 그들이 보는 하나님은 구원받기 싫다는 사람에게 무엇이 최선인지를 아신다는 점을 내세워 그의 소원을 무시하고 자기주장을 관철하는 분일 뿐이다.

좀 거칠지만 정확히 말하자면 이렇다. 전통 기독교에서는 하나님이 한 사람의 자발적인 사랑의 반응을 원하는 분이라고 말하는 반면, 보편구원론은 이런 개인을 강제 추행하는 분으로 묘사한다. 선택 가능성이 없다면, "개인의 존엄성"이라는 말은 쓸모가 없다. 강제 추행은 인격을 객체로 대하는 행위인데, 보편구원론에서는 감히 그런 장면을 상상할 수조차 없는 대목에서 이런 기이한 논리가 나오고 있다.

이것은 전통적인 기독교 견해와 사뭇 다르다. 기독교는 전통적으로 하나님을, 우리에게 자신을 주시고 우리의 거절 때문에 가슴 아파하시면서도 우리의 결정을 존중하는 분으로 말해 왔다. 하나님은 늘 우리를 객체가 아닌 인격으로 대하신다. 하나님을 받아들이고 거절하고는 여전히 우리 선택에 달려 있다. 이 결정은 오직 우리만이 내릴 수 있다.

하나님은 우리가 그분이 원하시는 결정을 내릴 수 있도록 있는 힘껏 도와주시지만, 우리 대신 그 결정을 내리실 수는 없다. 하나님은 우리가 용서와 갱신의 제의를 받아들이는 데 장애가 되는 모든 것을 치우거나 무장 해제시키실 수 있다. 이때 장애란 영적 맹목, 무지, 혼란, 방종 등을 말한다. 그러나 결국에 가서는 우리를 대신해서 그 결정을 내리실 수도 없고, 그렇게 하시지도 않는다.

인간 존엄성을 드높이는 길은 하나님께 "아니오!"라고 할 수 있는 우리의 능력을 꺾어버리지 않는 것이다. 신약과 기독교 전통은 서슴없이 이렇게 선언한다. 보편구원론은 복음이 말하는 하나님 사랑을 신학적 강제 추행이라는 외설스러운 난장판으로 왜곡시켰다. 그렇게 해서 예수 그리스도의 얼굴에서 만나는 하나님을 추잡한 모습으로 일그러뜨렸다.

하나님은 우리에게 은혜를 통하여 인격적인 관계를 맺자고 하신다. 따라서 이 관계가 성립되려면, 우리가 이 관계를 받아들여야만 한다. 이신칭의 교리는 하나님이 주도권을 잡고 계시며, 우리는 이 주도적인 제의에 반응하는 자라고 말한다. 그러나 인격적인 관계는 정적이지 않다. 이 관계는 역동적이어서 **발전하며 개인을 변화시킨다.** 하나님과 맺는 관계 역시 한 번 성립되면 우리가 성장하는 정황을 형성한다. 이것이 우리와 은혜로운 관계를 맺으시기 위해 우리 삶 안으로 들어오시는 하나님을 더욱 닮아가는 출발점이 된다. 우리는 모두 관계를 맺은 쌍방이 그 관계가 원숙해지고 발전하면서 더 가까워진다는 사실을 잘 알고 있다.

우리가 하나님과 맺는 관계 역시 그렇다. 변형 생성적인 관계다. 하나님을 아는 우리의 지식이 그 관계 안에서 더 깊어지고, 우리는 좀 더 그분을 닮아간다. 인격적인 관계에서는 "법적 허구" 같은 것이 없다! 하나님께 "예!" 하는 것은 역동적이고 변혁적인 관계 안으로 들어가는 문지방이다. 그 관계는 하나님이 우리가 선 자리에서 우리를 만나주시고 그곳에서 이끌어 더욱 그분을 닮도록 인도할 것이다.

### 원죄와 인격주의

이신칭의 교리를 인격주의적으로 접근하는 것은 "원죄 교리"와

"창조와 구속의 관계"라는 두 영역을 생각할 때 매우 유익하다. 성경은 예수 그리스도를 통하여 수립된 하나님과 인간의 관계를 새로운 관계의 시작이 아니라 옛 관계의 회복으로 본다. 하나님과 그분이 창조하신 피조물 사이에 세워졌다가 인간의 타락으로 깨진 관계가 그리스도의 죽음과 부활을 통해서 다시 세워지는 것이다. 타락했어도 인간은 여전히 그분의 피조물이다. 우리는 어떻게 타락한 상태와 구속받은 상태를 구별하는가? 인간은 타락한 상태에서나 구속받은 상태에서나 여전히 하나님의 피조물이니 말이다.

이 중요한 질문에 대한 인격주의의 답변은 탕자의 비유에 잘 나타나 있다(눅 15:11-32). 누가복음 15장에는 잃은 바 된 상태가 무엇인지를 설명하는 세 가지 비유가 들어 있다. 이 비유들은 오랜 세월 동안 사람들의 상상력을 자극하였다. 어쩌면 우리는 이 비유를 매우 잘 알고 있어서 그것의 생생함과 명료함을 놓치고 있는지도 모른다. 아니면 방탕한 아들에게만 초점을 맞춘 나머지 아들의 귀가만 바라며 기다리시는 자상한 아버지의 모습은 못 보고 지나쳤는지도 모른다.

세대마다 나름대로 "먼 나라"(눅 15:13)와 상실의 유형이 있다. 또한 처음에는 의기양양한 모험가였다가 후회에 몸을 떠는 부랑자가 되었다는 이야기에 절묘하게 담겨 있는 곤경도 알고 있다. 아들은 먼 나라로 길을 떠나 그곳에서 객체로 대우받고 착취당한다. 그는 아버지에게서 독립하려고 안달했으나 먼 나라를 떠도는 뜨내기가 되어버리고, 인간의 정체성을 상실하는 결과 말고는 아무것도 얻지 못한다. 그제야 그는 아버지와 자기의 관계를 생각한다. 그 관계 속에서는 한 인격으로 대우받고 사랑받지 않았던가!

이야기가 진행되면서 아들은 본연의 모습, 곧 아버지의 아들로 남는다. 아무것도 이 관계를 깨뜨릴 수 없다. 이 관계는 "주어진" 것으로, 아들이 벗어버리려고 했으나 되찾게 된 것이다. 아들은 아버지의 아들이 아닌 양 행동할 수 있고, 그러면 그 관계는 명목상의 관계가 되고 만다. 그럼에도 관계는 여전히 유효하다.

아들에게 다른 아버지는 없다. 아버지와 아들이 맺고 있는 이 독특하고도 구체적인 관계는 그 무엇에 의해서도 바뀌지 않는다. 아들이 먼 나라로 떠나면서 아버지는 한낱 추억거리이자 과거지사가 되고 만다. 아버지는 "당신"이 아니라 "그것"으로 경험된다. 그러나 관계는 여전히 남아 있다. 비록 인식되지 않지만, 굳게 남아 있는 것이다.

이 비유의 대반전(눅 15:18-19)은 아들이 관계를 재정립하는 순간, 즉 명목상의 관계가 실제적인 관계로 전환하는 순간에 있다. 아들은 아버지를 "그것"이 아니라 "당신"으로 인식한다. 그는 일어나서 아버지를 만나기 위해, 만나서 관계를 재정립하고 회복하기 위해 집으로 돌아간다.

아버지가 아들과 맺은 관계는 여전히 유효하다. 전에도 그랬고 앞으로도 그럴 것이다. 그러나 이제 아들이 명목에 지나지 않은 이 죽은 관계를 실제적이고 역동적인 것으로 만들 채비를 갖추었다.

이것에 담겨 있는 신학적 의미는 분명하다. 인류는 하나님의 자녀다. 그러나 이 관계는 경험되더라도 순전히 명목상으로만 경험된다. 만약 경험된다면, 하나님은 "그것"으로 경험된다. 인류는 하나님의 형상으로 창조되었다. 이것은 마치 탕자가 아버지를 닮은 사실에 빗댈 수 있다. 그러나 인류는 탕자가 아버지를 경험하는 것처럼 하나님을 그저 가물거리는 회상으로만 경험할 뿐이다.

하나님은 저 멀리 도저히 다다를 수 없는 곳에서 흘러나오는 아련한 선율이자, 기이하지만 아주 멀리 떨어져 있는 꽃봉오리에서 피어나는 향기다. 그래도 관계는 그대로다. 이 관계는 재정립되고 회복될 수 있다. 하나님은 "그것"이 아닌 "당신"이 될 수 있다. 우리가 그분을 만나려고 돌아가기만 한다면, 그분은 멀리서 막연한 방식으로 경험되는 것이 아니라 우리와 만나주신다.

좀 더 신학적인 용어로 설명해 보자면, 인류는 타락해서 하나님과 아주 멀어졌다. 그러나 예수 그리스도의 죽음과 부활을 통해 하나님과 화해할 수 있는 가능성이 선포되었다. 멀어진 상태든 화해한 상태든, 인류는 여전히 그분의 피조물이다. 그러나 전자의 상태에서는 관계가 순전히 명목상일 뿐이다. 인류는 정작 말과 행동으로는 하나님의 피조물임을 부인하고 있다. 창세기 3장은 인류의 근본적인 죄가 피조된 지위를 부인하고 자기충족을 꾀하며 자신을 창조주 하나님의 자리에 올려놓은 것이라고 명백하게 말한다.

그러나 예수 그리스도의 화해시키는 죽음과 부활을 통해, 또한 그것을 유효하게 하는 믿음을 통해 인간은 그 명목상의 관계를 실제적인 관계로 바꿀 수 있게 되었다. 또한 "하나님의 자녀들의 영광의 자유"(롬 8:21)에 이를 때 인간이 하나님의 피조물임을 인정하고 이 사실 때문에 생기는 권리와 의무를 기쁘게 받아들이게 되었다.

이런 논의는 **신학적으로** 인간을 "하나님의 피조물"이라는 말로 적절하게 정의할 수 있다는 견해가 불완전하다는 것을 입증한다. 기독교의 독특한 인간 이해는 "**예수 그리스도를 통한 구속을 갈망하는** 하나님의 피조물"이 되어야 마땅하다. 어떤 개인을 "하나님의 피조물"이라고 말하는 것은 그 관계의 실제적인 내용에 대해서는 아무것도 말하지 않는 것과 같다. 마치 탕자를 "아버지의 아들"이라고 규정하는 것처럼 틀린 말은 아니지만 정확하지는 않다.

"아버지의 아들"이라고만 정의한다면, **멀어졌던** 상태와 다시 **화해한** 상태의 결정적인 차이를 실감할 수 없다. 먼 나라에서 흥청망청하던 아들과, 기다리시고 용서하시는 아버지께 달려와 부둥켜안기는 아들을 구별하지 못하는 것은 이 놀라운 비유의 핵심을 놓치는 것이다. 그리고 이것은 복음 전체의 핵심을 놓치는 것이나 다름없다.

원죄 개념은 인격주의적 차원, 즉 깨어진 인격적 관계로 생각할 때 그 의미가 더욱 분명해진다. 원죄는 깨어진 관계 속에서 존재하는 상태, 다시 말하면 진정한 실존 양식에서 멀어진 상태를 말한다. 먼 나라에서 본향을 그리워하며 살아가는 상태다. 인격적인 관계가 부서진 후 그 여파 속에서 살아가는 상태다. 친구와 멀어진 상태다. 그 소원해짐이 몹시 깊고 기억이 아련한 나머지 사실상 하나님은 존재하지 않는 것처럼 느껴진다.

바로 이런 상황에서 회복 가능성을 선포하는 복음이 높이 외쳐진다. 하나님이 우리에게 먼저 화해를 제시하시고, 한때 정상적이었고 또 앞으로도 늘 정상 상태인 관계로 회복시키시겠다고 주도적으로 제의해 오셨다. 이 기쁨은 예루살렘이 바벨론 사람들의 손에 들어간 시기가 끝나고 하나님이 자기 백성을 이전 관계로 회복시킬 거라는 소식이 전해질 때의 기쁨에 견줄 수 있다.

> 좋은 소식을 전하며 평화를 공포하며 복된 좋은 소식을 가져오며 구원을 공포하며 시온을 향하여 이르기를 네 하나님이 통치하신다 하는 자의 산을 넘는 발이 어찌 그리 아름다운가 네 파수꾼들의 소리로다 그들이 소리를 높여 일제히 노래하니 이는 여호와께서 시온으로 돌아오실 때에 그들의 눈이 마주 보리로다 너 예루살렘의 황폐한 곳들아 기쁜 소리를 내어 함께 노래할지어다 이는 여호와께서 그의 백성을 위로하셨고 예루살렘을 구속하셨음이라(사 52:7-9).

선포된 복음은 인간의 하나님 부재 경험을 하나님에게서 멀어진 소외 경험으로 해석하고, 하나님이 우리에게 제의하신 화해와 용서를 받아들일 때 이 소외가 철폐되었다고 선언한다. 이 제의는 순전히 은혜다. 우리가 할 수 있는 것이 아니다. 우리를 향하신 압도적인 사랑 때문에 하나님이 행하기로 작정하신 것이지, 우리가 받을 만한 자격을 갖추어서 얻는 것이 아니다. 하나님이 일방적으로 주도권을 잡으시고 우리의 역사와 경험 안으로 들어오셨다. 이렇게 하신 것은 우리를 만나시고 우리에게 용서와 화해의 말씀을 전하기 위해서다. 부버의 용어를 빌리자면 우리는 더 이상 그분을 공허하게 멀찌감치 **경험하지** 않고, 우리 주님이자 구주로 **만난다**.

## 복음과 인격주의의 접점

그렇다면 현대 사회가 당면한 인간 상황을 향해 이신칭의 교리를 선포하는 데 이러한 인격주의적 통찰들은 얼마나 많은 도움을 주는가? 오늘날은 "인격적인 완성"과 같은 범주와 인간관계에 매우 집착한다. 이러한 상황은 하나님과 인격적으로 만나는 문제, 그리고 지금의 상황에 근거하여 인격의 완성에 대해 말하는 복음을 요청한다. 잠시 살펴보자.

인간관계는 그 자체로는 완성되지 않으며, 완성될 수 있는 근거를 요청한다. 이신칭의라는 기독교 교리는 이 완성의 근거가 오직 살아 계신 하나님, 자신을 우리에게 드러내놓으시는 하나님밖에 없다고 못 박는다. 인간의 인격적인 관계와 관련하여 "씁쓸하고도 달콤한 열망"이라는 기이한 감정에 대해 생각해 보기 위해 음악적인 비유 하나를 들어보자.

당신은 지금 뛰어난 음악 작품을 감상하고 있다. 베토벤의 "영웅 교향곡"도 좋고, 바그너의 오페라도 좋다. 음악을 듣다가 음악이라는 매체를 통해 한 인격이 등장하는 것을 느낀다. 바로 작곡가다. 작곡가가 당신에게 다가와 강한 운명의 힘으로 그의 인격과 교감하도록 당신을 끌어당긴다. 그의 열정에 사로잡힌 당신은 그 음악을 세심하게 들으며 이해하고자 노력한다. 음악이 인격을 매개한 것이다.

음악은 그것을 작곡한 사람의 인격을 근거로 한 차원 높게 승화된다. 음악 자체에는 들어 있지 않지만, 음악을 통해서 무언가(이를테면

브람스의 교향곡에서 묻어 나오는 질풍노도[Sturm und Drang]의 정신이나 차이코프스키의 "비창 교향곡"에서 느낄 수 있는 깊은 우수 같은 것)가 흘러나온다. 이 정신 또는 감정을 붙잡아보려고 하지만, 우리 손아귀를 빠져나간다. 그것은 우리가 닿을 수 없는 곳에 있다. 무언가를 이끌어내지만 파악되지는 않는다. 확실하게 붙들었다고 느끼면서도 여전히 우리가 닿을 수 없는 것이 인간관계의 가장 큰 특징이다.

인간의 인격적인 관계에서도 우리가 하나님을 갈망한다는 비유를 발견할 수 있다. 인간관계의 가장 깊은 측면인 사랑 안에서 우리는 자신을 잃어버리고 다른 사람에게로 나아가려는 이상한 열망을 발견하게 된다. 역설적이게도 우리의 정체성을 한껏 고조시키는 동시에 없애버리는 관계로 들어가려는 열망 말이다. 말하자면 우리는 유명 작가의 문학 작품이나 정원 손질과 같이 **다른 사람에 관한 것**을 사랑하는 것이 아니라, **다른 사람**을 사랑한다. 그들을 있는 그대로, 즉 인격으로 사랑한다. 이것이 인격적인 관계에서 가장 중요한 요소, 즉 우리가 만나는 다른 사람인 "당신"을 향한 갈망이다.

어찌되었든 인격적인 관계에서 씁쓸하고도 달콤한 열망을 발견할 수 있다. 이 열망은 관계를 통해서 나오지만, 관계 자체 안에는 없는 것이다. 인격적인 관계는 마치 그 자체의 울타리 너머에 있는 무언가를 가리키는 것 같다. 부버가 말한 대로라면 "영원한 당신"이라고 할 수 있는 것 말이다. 쾌락주의가 가지고 있는 역설(쾌락은 만족시킬 수 없다는 단순하면서도 어리석은 사실)은 이 기이한 현상을 설명하는 또 다른 예다. 쾌락, 아름다움, 인격적인 관계 등은 장밋빛 꿈을 주지만 정작 그것을 손에 넣었을 때는 우리가 찾던 것이 그 안에 없고, 그 너머에 있음을 알게 된다. 위대한 영문학 비평가이자 신학자인 C. S. 루이스가 이 사실을 완벽하게 요약했다.

> 그 안에 아름다움이 들어 있을 것이라고 생각한 책이나 음악은 믿었던 우리에게 배신감만 안겨준다. 아름다움은 **거기에** 없다. 다만 **그것들을 통해서** 올 뿐이다. 그리고 그것들을 통해서 온 것은 갈망이었다. 아름다움, 과거에 대한 회상 등은 우리가 간절히 바라는 것의 좋은 이미지다. 그 자체로 직시하자면 그것들은 숭배자의 마음을 갈가리 찢어놓는 귀머거리 우상일 뿐이다. 그러나 그것들은 단순한 물(物)이 아니다. 우리가 찾지 못한 꽃의 향기, 듣지 못한 선율의 메아리, 가보지 못한 나라에서 흘러나온 소식이다.[5]

인격체인 우리의 존재와 경험은 마치 이정표처럼, 그것이 결코 담아낼 수 없고 끌어올 수도 없는 것을 지향한다.

현대 영문학 작품 가운데 가장 파격적으로 도전적인 작품은 에벌린 워의 소설 『다시 가본 브라이즈헤드』(Brideshead Revisited)다. 이 소설은 사랑이나 아름다움을 찾다가 수많은 사람이 겪는 좌절을 세밀하게 그려낸다. 무엇을 갈망하든 그 갈망은 언제나 대상을 찾지 못하고 겉돈다. 그 탐색에 끝이 보이는 것 같다가도 우리는 다시 돌아서야

---

5  C. S. Lewis, *The Weight of Glory* (New York: Macmillan, 1949), 8. 『영광의 무게』, 홍성사.

할 전환점을 발견한다.

우리의 애착은 마치 어떤 전조나 상징 같다. 다른 사람들이 이미 밟고 지나간 상심의 길에 깔려 있는 돌들과 문기둥에 방랑자의 낙서가 새겨져 있다. 아마 당신과 나는 그곳에 새겨진 글자일지도 모른다. 그리고 가끔 우리를 찾아오는 슬픔은 구도(求道)의 덧없음에서 나오는 것이리라. 매번 다른 사람을 통해 걸러 나오지만 어느새 그 너머에 있고, 잡았다 싶어서 손바닥을 펴보면 그림자뿐이며, 모퉁이를 돌면 한걸음에 있겠지 싶은데 막상 가보면 한걸음 더 가야 하는 그런 구도 말이다.[6]

"막상 도달했을 때보다 여행하는 과정에서 품는 희망이 더 낫다"는 말을 들어보았는가? 아니, 직접 느껴본 적은 없는가? 이런 허탈감이야말로 존 마스터의 고전 소설 『코로만델』(Coromandel)에 아름답게 짜 놓인 주제다.

이신칭의라는 기독교 교리가 근거를 두어야 할 곳은 바로 갈망, 인간관계 안에 있을 것 같지만 정작 잡을 수 없는 낭패감, 그것을 가리키고 있지만 우리 손에 영영 들어오지 않을 것 같은 경험이 되어야 할 것이다.

부버가 지적했듯이 모든 인간 "당신"은 그 자신 너머에 있는 "영원

---

[6] Evelyn Waugh, *Brideshead Revisited* (New York: Dell, 1968), 288.

한 당신", 곧 하나님을 지향한다. 인간관계에서 채워지지 않는 측면 때문에 하나님을 지향하게 된다. 즉, 인간관계를 통해 오지만 정작 그 안에 없으며 그것, 아니 그분 자신을 선물로 주셔야만 손에 넣을 수 있는 무엇이라는 점에서 하나님을 지향하게 된다는 뜻이다.

이렇게 기이한 갈망, 우리 손에 금세라도 들어올 것 같은 느낌은 탕자의 상황과 아주 비슷하다. 탕자는 먼 나라에서도 고향을 기억했다. 이런 아득한 메아리가 그 안에서 울려 퍼졌다. 이런 메아리는 우리가 마치 먼 나라에서 태어난 것처럼 느끼게 하면서도 고향을 기억하게 한다. 고향을 떠올리게 하는 것들이 주변에 가득하다. 이것들은 우리에게 손짓하며 어서 붙잡아보라고 부른다. 그러나 우리는 결코 그것들에 가까이 가지 못할 뿐더러 손에 넣을 수도 없다. 다른 사람들을 통해서 그것들을 보고 듣지만, 정작 그들 안에서는 보고 듣지 못한다.

이신칭의의 복음이 다루는 것은 바로 이 접점이다. 우리의 염원과 소망을 통해 존재하지만 동시에 직관적으로 그것 너머에 있다고 아는 "그것"이 "당신"으로서 자신을 드러낸다. 그제야 우리가 동경해 오던 그 무엇, 아니 그 누군가를 알게 된다. "그런즉 너희가 알지 못하고 위하는 그것을 내가 너희에게 알게 하리라"(행 17:23).

그러므로 복음은 한 인격이 우리의 인격적인 실존 뒤에, 그리고 그 속에 존재한다는 놀라운 통찰을 선포하여 그 통찰을 보완하고 발전시킨다. 그뿐 아니다. 모든 사람 너머에 계시는 동시에 그들 배후에 계시는 인격인 "당신"과 우리는 "나-당신"의 관계를 맺을 수 있다.

하나님은 자신을 인격적인 모습으로 드러내신다. 우리와 관계를 갖기 위해서다. 그 안에서 우리의 인성은 한껏 고조되면서 동시에 사라져버린다. 이것은 어느 깊은 인격적인 관계에서나 마찬가지다.

하나님은 그 인격, 즉 우리의 인격적 실존을 떠받쳐주시는 "영원한 당신"과 관계를 맺게 하셔서 우리의 인격적인 가능성을 완성하는 과정에서 주도권을 놓지 않으신다. 하나님을 만난다는 것은, 모든 인격적인 관계가 약속하는 것처럼 보이지만 결코 지키지 못하는 것을 만난다는 것이다.

이신칭의 교리는 인격의 완성을 고대하는 인간의 열망을 다루며, 우리가 다가갈 수 있도록 하나님이 한 인격의 모습을 취하셨는데 그것은 우리가 당연히 되어야 할 인격이 되게 하기 위함이라고 단언한다. 칭의는 인격 자체의 바탕이 되시는 하나님을 만나 우리의 인격이 변화하고 완성되는 일에 관한 논리다.

이신칭의는 이 일을 수행할 수 있는 바른 방법과 그른 방법에 대해 이렇게 말한다. "하나님을 구하라(아니, 하나님이 지금까지 당신을 찾으시고 드디어 발견하셨음을 알라). 그러면 인격의 완성과 목적을 알게 된다. 그러나 인격의 완성과 목적을 구한다면, 당신이 잡았다고 생각하는 순간 그것들이 손가락 사이로 슬며시 빠져 나가는 것을 보게 될 것이다."

이신칭의 교리는 이 일을 우리 스스로 달성할 수 없으며, 이 선물을 어서 받으라고 재촉하시는 하나님이 은혜로 거저 이루어주신다는 것을 상기시킨다. 진실한 인격과 본래적 실존(여기서 우리는 "진실한" 인격과 "본래적" 실존이라는 우리 나름의 기준과 개념이 얼마나 빈약한지 알 수 있다)은 예수 그리스도를 통해서 하나님이 우리에게 제공하시는 것이다.

　이신칭의 교리에 대한 인격주의적 접근은 우리의 인격적인 관계 경험에 직접 호소하고, 그 관계들이 어떻게 변화될 수 있는지 보여준다. 또한 주도적으로 말씀하시고 새롭게 회복된 인격적 관계를 제시하시는 하나님을 증언한다. 게다가 이 접근 방법은 하나님의 인격적인 본성과 목적을 핵심적인 성경적 통찰로 꿰뚫어보는 데도 뛰어나다. 그리고 하나님이 우리를 개념이나 사상, 논리가 아니라 인격으로 만나신다는 사실, 즉 무엇보다 성경이 웅변적으로 증언하며 그리스도인이 삶에서 풍성하게 누리는 이 명쾌한 사실을 잘 담아낸다.

# 7장

# 윤리적인 측면

JUSTIFICATION BY FAITH

교회와 그리스도인은 세상에 존재하기 때문에 그 안에서 살고 행하도록 요청받는다. 그렇다면 그리스도인이 믿음의 공동체와 세속 사회에서 행할 때, 그 행동을 규제하고 울타리를 쳐주는 원리와 전제는 무엇인가? 그리스도인이 비그리스도인처럼 행동하거나 세속 사회의 모든 도덕적인 신념을 따를 것이라고 기대하기는 어렵다.

최근 기독교 윤리 분야에 많은 관심이 집중되고 있다. 그리고 커져 가는 관심은 수그러들 기미를 보이지 않는다. 기독교 신학의 현대적인 적합성이 의심받고 있는 가운데서도 기독교 윤리는 기독교 신학의 실천적 또는 실용적 측면을 구체화시켜놓은 것으로 여겨지고 있다. 그렇다면 좁게는 신학과 윤리는 어떤 관계인가, 그리고 넓게는 신앙과 윤리는 어떤 관계인가?

이 장에서는 이신칭의 교리가 어떻게 독특하고도 진정한 기독교 윤리 체계를 세우는지 입증해 보이려고 한다. 윤리적 의사 결정을 내려야 할 순간, 그리스도인과 비그리스도인 사이에 장애물이 세워지는 것처럼 보이는 때가 있다. 외부인이 보기에 기독교 신학은 사람들이 살고 있는 세상에 뿌리를 둔 것이 아니라 교회라는 게토(ghetto)에서 형성되었기 때문이다.

교회가 행동을 통해서 세상 안에 자기 정체성과 적합성을 세워야 한다고 느끼는 사람들은 윤리를 기독교의 핵심적인 측면 또는 가장 중요한 측면으로 보는 위험이 있다. 급작스러운 성장만큼이나 퇴락도 급속했던 이른바 "세속적 기독교"는 구체적인 정치·사회적 행동에 따라 기독교의 세속적인 정당성이 좌우된다는 신념으로 무장되어 있다. 반면 교리적인 문제는 기껏해야 주변적인 것으로 치부한다. 좀 더 솔직히 말하자면, 교리란 복음을 현대에 적합한 것으로 제시하려는 노력을 거스르는 큰 방해물쯤으로 여기는 것이다.

많은 것이 "성년 기독교"를 만드는 데 기여했다. 그중에는 종교와 믿음이 없는 신앙, 즉 사회에서 용인될 수 있는 정치적 행동에 헌신하는 신앙이 있다. 그러나 이런 흐름을 비판하는 태도가 형성되는 것도 피할 수 없는 일이었다. 무슨 근거에서 이런 행동이 수용될 수 있다고 판단할 수 있는가?

교회가 모든 현대적인 태도에 "아멘!"으로 반응할 것이라고 기대하기는 어렵다. 세속적이고 "탈교의적"(脫敎義的)인 기독교의 윤리적인 경박함과 피상성에 점차 눈을 뜨게 되면서, 책임 있고 비판적이면서도 기독교적 윤리 의사 결정을 내릴 수 있는 기반을 수립해야 한다는 우려의 목소리가 높아지게 되었다.

유럽에서 관찰된 바에 따르면, 이러한 분위기 변화를 나타내주는 가장 두드러진 지표는 바르트 신학에 대한 관심 고조다. 한때 현대적 적합성이 뛰어나다고 여겨진 폴 틸리히 사상이 사실은 윤리적 중요성을 결여하고 있다고 평가되는 반면, 바르트 신학은 그나마 기독교 윤리의 기초를 세웠다고 인정받고 있다.[1]

### 신학과 윤리

기독교 윤리는 신학의 실천적 결과를 이렇게 저렇게 적용해 보려는 신학의 일부 또는 한 분야로 여겨져서는 안 된다. 신앙은 신학과 기독교 윤리의 뿌리이자 배경이다. 신학은 믿음이 어떻게 우리의 사고방식 안에서 그 모습을 드러내는지를 묻는 반면, 기독교 윤리는 믿음이 어떻게 인간의 삶이라는 실천적인 문제들 속에서 표출되어야 하는지를 질문한다.

신학은 신앙이 하나님과 우리 자신, 세계에 관한 사고방식에 영향을 끼치는 방법에 관한 것이라면, 기독교 윤리는 우리가 이 세상에서 어떻게 행동해야 하는지에 관한 것이다. 이처럼 윤리와 신학은 신앙의 개진과 관계되는 것으로, 둘 모두 교회 존립에 반드시 필요한 요

---

1   바르트 사상의 정치적인 적실성에 관한 가장 유명한 해설은 Friedrich-Wilhelm Marquardt의 *Theologie und Sozialismus: Das Beispiel Karl Barths* [Theology and Socialism: The Example of Karl Barth], 3rd ed.(Munich: Kaiser Verlag, 1985)에서 찾을 수 있다.

소로 인식되어야 한다.[2]

교회는 이 믿음의 기초 위에서 **사고**하고 **행동**해야 한다. 사고와 행동은 서로 다른 것이 아니라 아주 가깝게 연결되어 있다. 이 둘은 모두 예수 그리스도를 주님이자 구주로 믿는 믿음에서 비롯되는 것으로, 사고와 행동 가운데 이 믿음이 드러나야 한다. 신앙을 윤리적 문제로 축소시킬 수 없듯이, 그리스도인의 삶과 윤리가 별개라는 주장도 이치에 맞지 않는다. 신학과 윤리의 영속적인 적합성과 상호 연관성을 인식해야 하는 이유는 바로 그리스도인이 생각하고 행동하는 자이기 때문이다.

물론 역사상 기독교의 윤리적인 측면을 더 강조해야 할 때가 있는가 하면, 교리적인 측면에 집착해야 할 때도 있다. 그러나 이것은 어디까지나 기독교 안에서 영속적이고 되돌릴 수 없는 상황 전개라고 보기보다는, 시대적인 필요를 정확하게 인식하고 취하는 전략적인 전개로 인식해야 한다. 이른바 "세속적 기독교"가 어처구니없을 만큼 쉽게 범한 실수는 단기적인 추세 변화를 영원한 것인 양 호들갑을 떨었다는 점이다.

### 도덕적 행위자의 상황 변화

이신칭의 교리는 살아 계신 하나님이 죄인을 개인으로 만나셔서

---

[2] 이 문제에 관한 가장 뛰어나고 믿을 만한 논의는 Helmut Thielicke, *Theological Ethics*, 3 vols. (Grand Rapids: Eerdmans, 1978), vol. 1, esp. 27-38에 나와 있다.

구속하시고 변화시키신다는 관점에서 믿음과 신학, 윤리의 상호 관계를 규정한다. 칭의라는 **선물**은 우리에게 새로운 신분에 걸맞게 살아갈 **의무**를 지워준다.[3] 우리는 값없는 은혜로 칭의를 얻어 하나님의 자녀가 **되었다**. 그렇다면 이제 그 변화에 걸맞게 행해야 한다.

"네 자신이 돼라!"(Become what you are!)는 표어는 변화된 상황을 매우 훌륭하게 요약할 뿐 아니라, 바울 윤리의 본질을 잘 함축하고 있다. 의롭다 하심을 받아 세상의 빛이 되었으므로(마 5:15-16) 우리는 어두운 세상에서 빛처럼, 산 위에 있는 동네처럼 빛나야 한다(마 5:14, 빌 2:15). 칭의는 우리를 순종으로 이끈다. 이 순종은 의롭다 하심을 받기 전에는 전혀 알 수 없던 것으로, 궁극적으로는 이 순종 역시 하나님의 은혜로 말미암는다.

윤리에서 복음이 지니는 중요성은 세속 윤리학이 던지는 주요 질문(나는 무엇을 해야 하는가? 내가 무엇을 해야 마땅한지 어떻게 알 수 있는가?)에 대한 답보다는, 도덕적 행위자의 상황 변화에서 찾을 수 있다. 마땅히 해야 할 일(아겐둠[agendum])에서 행위자, 즉 행동하도록 요청받는 자에게로 초점이 옮겨가는 것이다.

기독교 윤리의 전제는 바로 회심한 도덕적 행위자의 변화와, 성령님의 새롭게 하고 거듭나게 하시는 사역을 통해 시작되는 "새로운 순종"이다. 진정으로 기독교 윤리적 사고를 향한 출발점이 되는 것은

---

3　독일권의 신학자들은 "가베"(Gabe, 선물)와 "아우프가베"(Aufgabe, 의무)라는 말을 즐겨 쓴다. 또 다른 단어 유희는 "앙게봇"(Angebot, 초대)과 "게봇"(Gebot, 계명)이다. 불행하게도 이런 언어유희는 다른 언어로 옮기기가 어렵다.

개인의 삶과 실존에서 나타난 이 변화다. 한편 우리가 회심과 새로운 순종의 떼려야 뗄 수 없는 관계를 인식하고 붙잡지 못한다면, 하나님의 자녀만이 누리는 영광스러운 자유는 단지 외형적으로만 규칙과 법도를 지키는 메마름으로 전락하게 된다.

기독교 윤리는 어떤 의미에서 예수 그리스도께 송속적인가? 그리스도인은 모든 생활 영역에서 그리스도께서 보여주신 본을 흉내 내야만 하는가? 신약은 기독교 윤리를 "그리스도를 본받자"는 개념쯤으로 이해하지는 않는 것 같다. 예수 그리스도는 추종자가 쉽게 따라오도록 도덕이라는 정글을 용감히 헤치고 나간 선구자가 아니시다. 오히려 그리스도인의 삶과 기독교 윤리의 토대를 형성한 사건으로 이해되는 것은 바로 예수 그리스도의 십자가와 부활이다.

예수님을 좇는다는 것은 그분이 우리를 위해 이루신 구원에 참여하기 위해 모든 면에서 그분이 보이신 본을 모방하는 것과는 거리가 멀다. 우리는 하나님의 아들을 모방하는 것으로 그분의 자녀가 되지 않는다. 예수 그리스도께서 그분의 죽음과 부활을 통해 성취하신 바에 따라, 또한 그것을 믿음으로 붙잡아 하나님의 자녀가 되었기 때문에 하나님의 아들을 본받는 것이다.

하나님이 우리를 위해 예수 그리스도 안에서 행하신 일은 인간의 목적과 행위가 "그리스도를 좇는" 적합한 표현이 되도록 역사 속에서 특정한 모양과 표현, 형식을 부여한 구체적인 형태를 띤다. 그러나 그리스도의 본을 좇고자 하는 우리의 관심은 궁극적으로 이신칭의의 **원인**보다는 **결과**로 인식되어야 한다.

신약은 살아 계신 하나님과의 구속적인 만남을 통해 죄 된 인간 존재가 변화하는 사건을 선언하는 선포로 가득 차 있다. 이 변화는 전체가 아니라 부분으로 이해된다. 우리 안에서 개시된 일 또는 시작된 일로, 마지막 날에 완성되고 성취될 것이지만 지금 여기에서 우리에게 영향을 끼친다. 우리의 인격적인 실존에 열린 새로운 상황은 하나님의 은혜로운 사역을 통해 개시되었다. 그리고 우리 상황에 찾아온 이 변화는 하나님께 순종하려는 전혀 새로운 열심으로 이끈다.

예수 그리스도의 죽음과 부활은 새로운 언약을 가져온 하나님의 사역으로, 그 언약은 하나님의 언약 당사자인 우리에게 그에 따른 의무를 부과한다. 하나님께 순종하려는 이 새로운 열심은 회심 전에는 없던 것이다. 있었다 하더라도 퇴화한 흔적만이 남았었는데, 이제 우리 안에서 일하시는 하나님으로 말미암아 자극되고 촉진된다. 즉, 우리의 세계관과 인생에 대한 이해가 변화하는 것이다. 신약은 이 요점을 생물학적 비유를 써서 명확하게 드러낸다.

산상수훈에서 예수님은 좋은 나무가 좋은 열매를 맺고, 나쁜 나무가 나쁜 열매를 맺는다고 하신다(마 7:16-18). 열매의 본질은 생물학적으로 결정되어 있다. 포도나무에는 가시가 열리지 않고, 무화과나무는 엉겅퀴를 맺지 않는다. 이것이 생명의 생물학적 사실이다. 무화과를 원하면 무화과나무를 심어야 한다. 아주 단순한 비유 같지만, 심오한 신학적 통찰이 담겨 있다. 인간 변화가 인간 개선에 선행한다는 것이다. 또는 마르틴 루터 식으로 표현하자면, "착한 일을 해야 착한 사람이 되는 것이 아니라, 착한 사람이 착한 일을 한다."

루터는 많은 비유를 써서 이 요점을 설명하였다. 봄날, 어느 과수원에 심겨진 사과나무 한 그루를 생각해 보자. 우리는 과수원에 가볼 수 있고, 사과나무에 관한 많은 전문 식물학 서적을 읽을 수도 있다. 과수원에 가보거나 책을 읽어보면, 사과나무에는 사과가 열릴 수밖에 없음을 알 수 있다. 그러나 그 나무에 사과가 열리는 이유는 다름 아니라 그것이 사과나무이기 때문이다. 사과나무에 사과가 열리는 것은 사과나무에게 아주 자연스러운 일이다. 이와 비슷하게, 루터도 지적했듯이 그리스도인은 선행을 강요받을 필요가 없다. 아주 자연스럽게 선행을 하기 때문이다.

또 다른 비유로 루터는 주교가 하는 일(교회를 봉헌하거나 견신례를 베푸는 일 등)을 한다고 해서 주교가 되는 것은 아니라고 지적한다. 직임이 기능에 앞선다. 그렇지 않다면 배우가 주교 복장을 하고 주교가 통상적으로 하는 일을 하는 것으로 얼마든지 주교로 행세할 수 있다. 어떤 인물이 교회를 봉헌하는 일을 할 수 있는 것은 그가 합법적으로 **주교로 임명되었기 때문이다.**

그래서 루터는 시간이 지나면서 선을 행하게 하는 과정이 개시되는 것은 믿음을 통하여 의롭다 하심을 받아 개인의 도덕적인 행위 상황이 변화될 때 가능하다고 지적하였다. 죄인에게 그의 행위를 통해 착한 사람이 되라고 하는 것은 가시나무에게 포도를, 엉겅퀴에게 무화과를 맺으라고 말하는 것과 다름없다.

이 논의의 현대적인 예는 옥스퍼드그룹운동에서 찾을 수 있다. 1920년대에 프랑크 부크먼을 중심으로 영국에서 시작된 옥스퍼드그

룹운동은 나중에 도덕재무장운동(Moral Rearmament, MRA)으로 명칭을 바꾼다. 부크먼은 네 가지 도덕 표준(절대 정직, 절대 순결, 절대 무사[無私], 절대 사랑)을 주장하여 많은 사람에게 참신한 인상을 주면서 개인적인 도덕 혁명을 결단하도록 도전했다. 이 운동은 케임브리지대학에서, 특히 1929-1932년 사이에 "정통"과 "삶"을 구분할 것을 강조했다.

그들은 정통적인 신학을 제시한 것이 아니라, 개인의 도덕적 갱신을 통한 새로운 삶을 약속했다. 그러나 실제로 "개인의 도덕적 갱신"이라는 말은 환상처럼 보였다. 이 운동은 그것을 떠받쳐줄 힘이 전혀 없었을 뿐 아니라, 본질적으로 새로운 삶을 제공할 수도 없었다. 사상사를 훑어보면, 이런 도덕 갱신 운동은 단명했다. 돌밭을 뚫고 나온 씨앗처럼 돋보이지만 튼튼한 뿌리가 없기 때문에 말라 죽고 만다.

그리스도인들은 새로운 생명이 개인의 도덕적 갱신을 가져온다고 굳게 믿는다. 도덕재무장운동에서 이야기하는 것과는 순서가 다르다. 죄로 물든 인류에게 사람들이 잘못을 저지르지만 않는다면 세상은 살 만한 곳이 되리라고 떠들어 보아야 아무 소용없다. 요구되는 것은 인간 상황의 변화다. 따라서 잘못을 저지를 수밖에 없는 동기가 완화되거나 제거되어야 한다. 인류에게 필요한 것은 도덕 교육이 아니다. 지난 수천 년 동안 헤아릴 수 없이 도덕을 교육받았지만, 아무것도 달라지지 않았다.

도덕적인 이상을 따라 살려고 노력할수록 좌절하는 것이 인간의 보편적인 경험인 듯하다. 도덕의 요구를 모르는 사람은 없지만, 그 요구를 따라 살려고 하면 좌절할 수밖에 없다. 인간의 곤경이 무지에서 나온다는 견해와 예수 그리스도는 훌륭한 교사일 뿐이라는 견해는 모두 인간 본성을 너무 모르는 처사다.

미국의 저명한 도덕 신학자 라인홀드 니버가 지적했듯이, 매우 많은 현대 사상가가 인간 본성에 대해 몹시도 순진한 견해를 펼치고 있는 것 같다. 어쩌면 그들의 중산층석인 지적 배경 때문에 인간 본성의 더 어두운 면을 맞닥뜨리거나 경험하지 못했을지도 모를 일이다.

영국 청교도가 실천적인 문제에 관해 쓴 걸출한 책 가운데 하나로 윌리엄 로메인의 『강도와 살인 빈도를 줄이는 방법』(A Method for Preventing the Frequency of Robbers and Murders)이 있다. 1770년 런던에서 출간된 이 책에서 로메인은 토지법이 강도와 살인의 원인에 대응하기에는 미흡하다고 지적했다. 그것은 기껏해야 강도와 살인자에게 부과되는 혹독한 형벌을 고시하여 사람들을 자제시킬 뿐이었다.

그는 이런 조처가 문제를 발본색원하기보다는 자제시키는 수준에 그친다고 말한다. 법은 인간의 죄 된 정황에 깔린 진짜 문제를 통제하기만 할 뿐 결코 해결할 수 없다. 인간 본성에 진정으로 변화를 일으킬 수 있는 대안은, 개인이 인간 본성에 적어도 어느 정도의 통제력을 행사할 수 있게 되는 것이다. 그렇기 때문에 인간의 죄 된 정황을 바로잡는 치유책은 오직 복음뿐이다.

주 예수 그리스도의 공로로 우리에게 다시금 하나님의 은혜와 영향이 베풀어진다. 이것을 얻을 때까지 겸손하게 기도하며 구하는 자마다 하나님의 성령에 함께 참여하게 된다. 성령께서는 처음에 신실하게 회개하게 하시고 그 다음은 예수 그리스도의 보혈로 정결하게 하신다. …… 두 번째 아담의 형상으로 새로워져 깨끗하고 정결한 마음을 가진 사람도 마치 깨끗한 샘물이 어느새 썩은 물을 흘려보낼 수 있듯 살인, 간음, 음란, 그밖에 어떠한 부패한 육체의 일도 만들어낼 수 있다.[4]

복음 전파를 권장하도록 영국 사법부를 설득하는 로메인의 천진스러움이 어느 정도는 우습게 느껴질 수도 있지만, 그가 진지하고 타당한 신학적 통찰을 지녔다는 사실은 인정해야 한다. 법은 빈틈없는 엄정함으로 인간 죄성에 고삐를 물려 범법을 막으려 하지만, 인간 죄성을 치료하지는 못한다. 원인이 치료되려면 거듭나야 한다. 중생은 우리의 죄 된 본성에 부분적인 변화를 가져온다. 나는 아일랜드 사람으로, 1859년에 일어난 아일랜드 지역의 종교 부흥에 대해 들은 이야기를 기억한다. 그 사건의 가장 큰 부작용은 범죄율이 급격하게 하락하면서 지역 경찰이 할 일이 없어졌다는 것이다!

죄인의 칭의와, 선을 행하려는 바람과 능력을 연결시키는 것은 "자동적"이거나 "자연스럽다." 신약에 나오는 나무와 열매 비유는 개인의 근본적인(radical, 라틴어 라딕스[radix]에서 유래했으며 "뿌리"라는 뜻이다) 변화가 선을 행할 능력에 앞선다는 근원적인 개념을 표출한다. 신약, 특히 바울 서신은 우리가 자신을 변화하려고 시도하기보다는 하나님이 우리를 변화시키신다고 이해한다. 그래서 바울은 "성령의 열매"(갈

---

[4] William Romaine, *A Method for Preventing the Frequency of Robbers and Murders* (London, 1770), 17.

5:22)를 거론하면서, 하나님을 배제한 우리의 노력이 아니라 하나님이 우리 안에서 역사하신 결과로 이 열매가 맺힌다는 사실에 주목한다.

세속 윤리 체계가 도덕적 행위를 목적(성취하려는 것 또는 성취해야 한다고 생각되는 것)에 초점을 맞추어 논의한다면, 이신칭의에 기반을 둔 신학적인 윤리 체계는 미리 정해신 것 또는 표출하도록 의도된 것, 즉 회심을 통한 개인의 근본적인 변화에 초점을 맞추어 논의한다. 진정한 기독교 윤리의 출발점은 개인의 회심을 새로운 순종과 삶의 방식, 그리고 적어도 세속 윤리 체계와는 잠재적으로라도 다른 새로운 윤리의 출발점으로 인식하는 것이다.

## 윤리와 원죄

이신칭의 교리는 세속 윤리 체계가 무시하고 평가 절하하고 부인하는 인간 본성의 결정적인 측면, 즉 "죄"를 인정하도록 촉구한다. 우리가 하나님의 모양과 형상으로 만들어졌다는 사실(창 1:26-27)은 하나님과 우리의 관계와 책임을 논하는 출발점이 된다. 엄밀하게 말해서 이것은 유대교와 이슬람교, 그리고 이신론(理神論)적인 윤리 체계의 출발점으로도 없어서는 안 될 요소다. 그러나 그리스도인에게 이것은 유일한 출발점이다. 따라서 하나님의 형상으로 지어졌으나 그 형상이 죄로 모호해지고 타락했으며 얼룩졌음을 인식해야 한다. 우리는 죄인이다. 그러므로 인간의 죄성을 진지하고 심각하게 생각하지 않는 어떤 윤리 체계도 "기독교적"이라고 부를 수 없다.

죄, 그리고 그 죄가 도덕 행위자인 인간에 대한 이해에 끼친 파괴적인 결과를 성경은 조금도 가감 없이 그대로 파악한다. 성경의 이러한 극단적인 사실주의가 로버트 브라우닝의 시 "하나님의 머리카락"(Gold Hair)에 생생하게 포착되어 있다.

원죄의 산물, 거짓으로 가득 찬 머리
썩어 문드러진 가슴을 향해
믿음의 화살이 정면으로 겨누어졌나니.

이신칭의 교리는 인간 본성이 본래적으로나 원천적으로 선하다는 대담한 가정에 의문을 제기한다. 이런 가정은 서구 자유주의 사상의 기본 특징이다. "인간의 완전성"과 "필연적 진보"라는 신화는 20세기의 야만성과 잔인성에 의해 이미 그 실체가 드러났다. 인류 역사에서 인간의 악이 거침없이 드러난 시기가 있다면, 바로 20세기다. 모든 인간이 최고의 선의로 행동한다는 천박한 전제의 허상이 폭로되기까지 아우슈비츠와 같은 말도 안 되는 참상을 얼마나 더 겪어야 하는가? 이 얼마나 잔인하고 사악한 거짓말인가?

이성은 매우 자주 인간의 목적을 위해 춤춘다. 그 목적의 길잡이가 되어주기는커녕 말이다. 라인홀드 니버는 이 사실을 매우 직설적으로 진술하였다. "권력 의지는 이성을 가지고 논다. 마치 왕이 자신의 전횡을 은혜로 포장하기 위해 성직자와 학식 있는 대신을 이용하는 것과 마찬가지다."[5]

## 실용주의 윤리

아우구스티누스와 펠라기우스 논쟁에서도 보았지만, 원죄라는 개념은 죄에 대한 인간의 성향을 달리 표현한 것이다. 즉, 인간의 본성에는 죄를 짓도록 기울게 하는 것이 있다는 말이다. 이 말은 우리가 자신도 모르게 죄를 짓는다는 정도의 뜻이 아니다. 우리는 죄를 짓고 있다는 사실을 아주 잘 알고 있다. 무엇이 옳은지, 우리에게 요구되는 당위가 무엇인지도 잘 안다. 그렇지만 우리 안에 있는 선천적인 경향은 이런 이상을 구현해내기에 역부족이다.

많은 윤리 체계가 인간이 처한 딜레마에 굉장히 얄팍하고 피상적으로 접근하고 있다. 그 체계들이 인간의 기본 문제는 무엇이 옳고 무엇이 그른지를 지적받기만 하면 된다는 가정에 근거하고 있기 때문이다. 사실 이것은 문제의 지극히 일부인데도 말이다! 문제는 우리가 옳다고 알고 있는 것을 행동에 옮기려고 할 때, 그러한 이상(理想)에 이르지 못하는 자신의 모습을 발견한다는 것이다. 의무와 능력 사이의 이러한 변증법적 긴장을 인식하지 못하는 윤리 체계는 인간의 윤리적 행위의 본질을 꿰뚫는 기독교의 근본적인 통찰을 적절하게

---

[5] Reinhold Niebuhr, *Moral Man and Immoral Society* (New York: Scribner, 1932), 44. 『도덕적 인간과 비도덕적 사회』.

담아내지 못한다.

인간 본성이 본래 연약하다는 사실은, 낙관적인 자유주의 사상가의 주장을 가차 없이 통째로 침몰시킨다. 사회 윤리의 역사는 어쩔 수 없는 인간의 그 불치병 때문에 실패를 거듭한 장밋빛 계획들로 수놓아져 있다. "우리가 이렇게 행동하면, 세상은 더 나은 곳이 될 거야"라고 말하는 불안하고 안타까운 경향이 있지만, 결국에는 전혀 다른 짓을 해버리는 것이다.

지금까지 인류가 취해 왔으며 여전히 유지하고 있는 태도, 게다가 앞으로도 취할 그 태도에서 명백하게 알 수 있는 모순을 보고 몽상적인 지식인들이 궤도를 수정할 수 있으리라고 기대하는 것은 비현실적이다. 사람들이 이성적이고 이타적이었다는 이른바 "황금시대"(Golden Age)에 관한 이교 신화는 궁극적으로 사람들의 현재 모습에 대한 실망감을 드러내는 것일 뿐이다.

우리는 이론과 현실 사이를 갈라놓은 아득한 틈새를 보지 못하게 하는, 위대하지만 몽상적인 사회 사상가들의 감언이설에 마음을 빼앗겨선 안 된다. 이신칭의 교리는 매우 냉혹한 사실주의처럼 들린다. 확신에 찬 선지자의 선언에 의문 부호를 찍고, 인간 본성의 근본적인 완전성(또는 변화 가능성)에 끊임없이 의심의 눈초리를 보내니 말이다.

그러나 이신칭의 교리는 비판적이긴 하지만 부정적이지만은 않은 윤리적 접근으로 개인이나 사회에 다가간다. 이 교리는 순진한 도덕적 낙관주의에 빠진 거짓 선지자들을 조심하라고 경고한다. 그리고 인간 본성은 가장 고상한 능력에서 가장 저급한 기능까지 철저하게 죄에 감염되었다고 강변한다. 이 타고난 불화를 "죄"라고 부르기를 꺼려하는 사람들조차 죄의 현실은 어느 정도 인식하고 있는 듯하다. 무신론자 시인인 A. E. 하우스만의 증언을 들어보자.

거만과 분노라는 티끌은
영원 전에서 날아온 것이니
결코 털어버릴 수 없으리.

그러나 어떤 윤리학자들이 주장하는 것처럼 이런 통찰이 결코 냉소적인 비관주의로 귀착되지는 않는다. 윤리적인 관점이 아니라 신학적인 관점에서 볼 때, 개혁자들은 인간의 미덕과 도덕성이 "더러운 옷"(사 64:6)과 같다고 힘주어 말했다.

르네상스 사상이 지닌 도덕적 낙관주의의 위험에 직면하면서 종교 개혁자들은 인간의 본성에 진정한 자기 운명을 성취할 수 없게 만들고 우리가 지음받은 목적인 "하나님을 아는 구원의 지식"으로 나아갈 수 없게 만드는 결함이 있다고 강하게 주장했다. 윤리적인 관점에서 볼 때 인간이란 선과 악의 혼합물이라고 역설했다("의인이면서 동시에 죄인"이라는 루터의 말은 이런 측면에서도 자주 인용되었다). 그런데도 삼류 종교 개혁 연구가들은 여전히 개혁자들이 윤리나 법률, 도덕에 관심이 없었다고 주장하는 듯하다. 개혁자들의 글은 온통 이런 분야의 관심으로 채워져 있는데도 말이다. 그렇지만 이런 관심들도 윤리적 행동이 타락한 인간 정황을 구속할 수 없고, 아무리 고상한 덕성도 죄로 얼룩졌으며, 고결한 이상이나 개인과 사회가 취하는 희생적인 행동도 이기심과 오만으로 더럽혀져 있다는 통찰에 늘 영향을 받는다.

이신칭의 교리는 기독교 윤리에 대한 현실주의적인 접근으로 귀결된다. 이런 접근에서는 인간 본성이 원죄로 찌들었기 때문에 자기 이익을 추구할 수밖에 없다고 인정한다. 이러한 자기중심성과 자기 이익 추구를 교육으로 없애보겠다는 자유주의적 이상은 헛된 꿈일 뿐이다. 교육이 개인의 지평을 넓혀주는 것은 사실이지만 여전히 그 개인을 전경(全景)의 중심에 세워놓는다. 우리는 "죄"의 중심이 "나"라는 사실을 얼마나 자주 지적받는가?

라인홀드 니버는 윤리 문제에서 탁월한 "기독교 사실주의"의 거장으로, "역사가 있는 곳에는 어디에나 자유가 있고, 자유가 있는 곳에는 죄가 있다"[6]고 주장하였다. 원죄는 결코 뿌리 뽑을 수 없는 인간의 자기 이익 추구를 윤리적인 형식 속에서도 드러낸다.

이 점을 간과하거나 무시하는 윤리 체계는 현실적인 인간 정황과 접점을 찾지 못하기 때문에 한낱 공상적인 이상주의로 전락하고 만다. 그러나 죄의 보편성을 주장한다고 해서 인간의 실존에 엄연히 존재하는 도덕적 차이를 없애지는 못한다는 것은 매우 분명하다. 죄가 필연적이라 해도, 실제로 어느 정도까지는 죄를 통제하는 일이 전혀 불가능하지는 않기 때문이다.

인간이 직면한 사회적 문제가 인간 **본성**보다 인간이 이루고 살아

---

6    Reinhold Niebuhr, *The Nature and Destiny of Man*, 2 vols.(New York: Scribner, 1941-43), 2:82. 『인간의 본성과 운명』, 종문화사.

가는 **사회**에서 비롯된 것이라는 주장이 심심치 않게 대두되고 있는 상황에서도, 사실주의적으로 윤리에 접근하는 부류에서는 인간 본성의 타락이 우리가 사는 사회에 영향을 끼친다는 주장을 굽히지 않는다. 개별적인 자기 이익 추구가 경쟁 집단 사이의 집단 이기주의로 나아가는 것이다. 이러한 생각은 사회를 구성하는 개인이 불완전하기 때문에 역사적으로 "완전한 사회"란 등장할 수 없다는 의미를 내포한다. 그렇기 때문에 기독교에서 내세우는 사회적 도덕 행동의 목표는 **완전한 사회**가 아니라 **사회 개선**이다. 인간의 타락 때문에 사회가 완전해질 수 없다는 현실을 염두에 두고 사회를 더 낫게 만드는 것이다. 이런 생각이 옳다면, 정치나 사회 행동에 참여하기를 바라는 그리스도인은 다른 사람들과 마찬가지로 그들 역시 인간 집단이라는 타락한 체계 안에서 움직이게 될 것이다.

"죄인이 되어 마음껏 죄를 지으라. 그러나 더욱 강하게 믿음을 갖고 그리스도를 즐거워하라"는 루터의 유명한 말에 깔린 생각이 바로 이것이다. 세상이 타락했기 때문에 그리스도인이 그 안에 있다 보면 죄를 짓기 마련이다. 그렇지만 자신이 처한 상황에서 하나님의 인도 아래 최선을 다하고 있다는 **믿음으로** 행동해야 한다. 그리고 죄를 짓더라도 용서받을 수 있다는 사실에 안도하고 기뻐할 수 있다.

거칠긴 하지만 정확하게 말하자면, 세상은 타락했기 때문에 그 안에서 사는 사람은 손을 더럽힐 수밖에 없다. 유일한 대안이 있다면, 세상에서 벗어나는 것이다. 루터의 이신칭의 교리에는 사회를 바라보는 그의 관점이 구석구석 스며들어 있다. 인간의 죄 때문에 사회가 악해졌다면 그리스도인은 악한 것을 개선하도록 노력해야 할 권리와 책임이 있다는 것이다. 이때, 타락한 세상에 개입하면 죄와 연관되지 않을 수 없음을 인정해야 한다.

그리스도인은 상황에 대한 평가가 기대할 수 있을 만큼 현실적임을 신뢰하면서 **믿음으로** 행해야 한다. 이렇게 하는 것이 마치 어둠 속을 헤매는 것처럼 보인다면, 윤리적 상황을 인식하는 인간의 이해력이란 형편없이 정확하지 못하다는 사실을 기억해야 한다. 피터 버거는 "무지의 윤리"에 대해 설득력 있게 이야기한다. "복잡한 도덕적 상황을 정확하게 평가할 수는 없다. 그러므로 우리 행동의 결과가 반드시 기대와 같으리라고 확언하기도 어려운 노릇이다."

이런 논의를 염두에 두고 생각할 때, 우리는 칭의라는 사건 안에서 하나님과 구속적인 만남을 통해 그분에게 의무를 지게 되는 것이 분명하다. 그러면 이 의무는 어떤 형식으로 우리에게 지워지는가? 살아 계신 하나님께 우리가 의무를 진다고 말하는 데 따르는 위험은, 그 의무를 구체적인 인간 실존의 현실에 자리 잡게 하지 않는 한 추상적이고 형식적일 수 있다는 점이다. 행동이 요구되는데도 사변(思辨)으로만 남아 있을 수 있는 것이다.

이런 행위의 본질을 논하는 일은 이 책의 한계를 훨씬 넘어선다. 우리가 일차적으로 관심을 갖는 부분은 진중한 기독교 윤리가 뿌리 내려야 할 토대를 세우는 일이다. 칭의 교리는 윤리 체계에 비판적인 태도, 그러나 부정적이지만은 않은 태도를 취하도록 우리를 강권한다. 그래서 우리는 과연 어떤 윤리 체계가 도덕적 행위 주체의 상황을 변화시키고 인간의 어쩔 수 없는 죄성을 혁신할 수 있는지 점검하는 법을 배워야 한다. 칭의 교리는 구체적인 윤리 체계를 구성하지 않는다. 다만 그런 윤리 체계를 판단하는 틀을 제시할 뿐이다.

앞서 "그리스도를 닮다"라는 윤리 개념을 살펴보았는데, 그것은 아주 조심스럽고 비판적으로 다루어야 할 개념이다. 이 개념은 기독론(그리스도를 하나의 모범으로 다루기 때문에)과 구원론(그리스도 안에서 이미 이루어진 일을 드러내기보다는 그리스도인의 행위가 구원의 원인이 된다거나 구원을 촉발하는 실마리로 쓰인다고 여기기 때문에)을 매우 빈약하게 반영한다. 그럼에도 이러한 빈약한 면을 피하기만 한다면, "그리스도를 닮다"라는 개념은 기독교 윤리에서 중요한 역할을 할 수 있을 것이다.

그리스도의 삶의 "모습"은 그리스도인이 살아가는 삶의 모습을 결정한다. 이런 의미에서 그리스도인의 실존은 예수 그리스도를 여러 면에서 그대로 본뜬 실존으로 이해된다. 그러나 종국적으로 칭의 교리는, 예수 그리스도가 기독교 윤리에서 차지하는 중요성이 믿는 사람의 실존에서도 여실히 확인됨을 거듭 인식시켜준다.

## 추천 도서

James Gustafson. *Theology and Ethics*. Chicago: University of Chicago Press, 1981.
Oliver O'Donovan. *Resurrection and Moral Order: An Outline for Evangelical Ethics*. Grand Rapids: Eerdmans, 1986.
Paul Ramsey. *Basic Christian Ethics*. New York: Scribner, 1950.
_____. *Deeds and Rules in Christian Ethics*. New York: Scribner, 1967.
Helmut Thielicke. *Theological Ethics*. 3 vols. Grand Rapids: Eerdmans, 1978.
John B. Webster. "Christology, Imitability and Ethics." *Scottish Journal of Theology* 39/3(1986): 309-26.

# 8장

# 결론

JUSTIFICATION BY FAITH

다섯 가지 주제를 중심으로 이신칭의 교리의 중요성과 적합성을 요약하면서 이 책을 마무리하고자 한다.

## 이신칭의와 경험

기독교 신앙의 핵심은 경험이다. 교리 체계를 받아들이는지는 경험 이후의 문제다. 신약은 1세기 그리스도인의 경험을 매우 강력하게 증거한다. 여기서 말하는 경험이란, 삶 속에 부활하신 그리스도의 임재와 권능이 있어서 그들이 의미와 존귀함을 갖게 되는 것을 말한다. 십자가에 달려 세상에 대해 죽고 부활하신 그리스도의 생명에 붙들려진 경험이 가장 중요한 핵심으로 신약 전체를 관통하고 있다.

1세기 그리스도인들은 부활하신 그리스도를 경험했고, 주님으로 알았다. 이 같은 기독교의 강한 경험적 측면이 학자들에 의해 많이 희석된 면도 있다. 물론 그들이 믿음의 지적인 틀에 초점을 맞추는 것은 이해할 수 있다. 그러나 그렇다고 해서 그리스도인의 삶에 중요한 종교적 경험을 간과하는 정도까지 흘러선 안 된다.

기독교 교리의 궁극적인 목적은 1세기 그리스도인이 한 경험을 우리 것으로 만드는 데 사용할 틀을 제공하는 것이다. 마치 기술자들이 저수지 물을 끌어다가 메마른 땅에 대어 기름진 땅이 되게 하기 위해 수로를 만들듯이, 1세기 그리스도인의 경험을 우리에게 전수시켜줄 지적인 틀을 제공하는 것이 바로 기독교 교리다.

길고 뜨거운 시리아 지역의 오후에 교부들이 할 일이 없어서 성육신과 삼위일체를 두고 그토록 장황한 논쟁을 벌인 것은 아니다! 그들은 하나님과 그리스도에 관한 특정 교리, 다시 말해서 일부 지적인 틀이 그리스도 안에서 경험하는 구속의 체험을 전달하는 데 적합하지 않다고 절실히 느꼈다. 지적인 틀과 경험 사이에 모순이 있었던 것이다. 잠시 이 문제를 간단히 살펴보고 넘어가도록 하자.

4세기에 등장한 중요한 기독론 이단인 아리우스주의(Arianism)의 경우, 살아나신 그리스도의 중보로 그리스도인이 하나님을 경험할 수 있다는 것을 인정하지 못한 이유가 바로 그 지적인 틀 때문이었다. 아리우스는 예수님을 하나님이 아닌 반(半) 신적인 인물로 보았기 때문에, 교리와 경험이 일치한다는 것은 있을 수 없었다. 교리와 경험은 물과 기름처럼 섞일 수 없었다.

토마스 칼라일이 말했듯이 "아리우스주의가 대세를 잡았다면, 기독교는 한낱 전설로 전락하고 말았을 것이다." 나사렛과 갈보리는, 마치 롱아일랜드나 타워 힐만큼 우리에게 심각한 의미를 갖지 못했을 것이다. 지적인 틀과, 그것을 매개로 일어나는 경험이 서로 일치되게 해야 할 필요를 인식하는 것은 교회에 교리를 명확하게 할 것을 강권한다. 물이 흐르려면 수도를 파야 하듯, 그리스도인이 그리스도 안에서 어떤 틀을 통해 하나님을 경험할 수 있게 하기 위해서는 틀이 미리 만들어져야 한다.

바로 여기에 이신칭의 교리의 중요성이 있다. 이 교리는 그리스도인의 경험을 한 세대에서 다음 세대로 전수하는 데 없어선 안 될 지적인 틀을 형성한다. 하나님과 만남이 일어날 수 있다는 기대감을 불러일으키고, 그 경험을 가로막는 장애물(이를테면 자기 의와 같은)을 어떻게 치워야 할지 가르쳐준다. 이 교리는 그리스도인의 경험이 전수되도록 하는 경로다.

특별히 종교 개혁 시대에는 이 경험을 막는 장애물들을 치워버리고 이런 수로를 준설해야 할 필요가 절실히 인식되었다. 이 교리는 1세기 그리스도인을 흥분시키고 감동시킨 것, 즉 살아나시고 구속하신 그리스도를 경험하는 일이 오늘날에도 가능함을 확증해 주는 한편 개인이 이런 경험을 할 수 있도록 기초를 놓아준다.

우리는 이 교리가 무엇을 지향하고, 어떻게 적용될지에 관심을 갖는다. 때로 이 교리는 현실과 동떨어진 것처럼 보이기도 한다. "이신칭의"라는 전문 용어가 평신도와 교회 밖 사람들에게 낯설기 때문이다. 많은 전문 용어가 사람들에게 친근하지 않기 때문에, 일상생활과 상관없는 것처럼 보이기도 한다. 그러나 그 용어들은 우리 삶의 방식에 강력하게 영향을 끼치는 것을 기술한다.

예를 들어 "수정 헌법 제5조"(The Fifth Amendment to the Constitution)는 미국 민주주의의 기본 원리를 설명하는 전문 용어다. 이 용어가 낯설게 느껴질지 모르지만, 그 개념은 그렇지 않다. 어려워서 고개를 설레설레 흔드는 많은 의학 전문 용어 역시 마찬가지다. 난해해 보이긴 하지만 그 용어들은 인체가 작동하는 방식의 기본적인 측면을 설명하고 있다. 우리 삶이 그러한 인체의 작동 방식에 달려 있다는 것이 현실이다.

법이든 의학이든 신학이든, 중요한 점은 그 용어가 나타내는 현실을 설명하는 것이다. 그렇기 때문에 "이신칭의"라는 교리가 하나님 앞에 선 인간 존재인 우리에게 무슨 의미가 있는지 설명하는 일은 설교자와 교사의 책임이다.

## 이신칭의의 역설

하나님은 인간의 언어로 포착되는 분이 아니다. 우리의 유한한 사고 범주 속에 묶어둘 수 있는 분도 아니다. 이러한 이유로 하나님에 관해 말하려는 어떤 시도도 역설적일 수밖에 없다. 하나님 경험, 곧 그분이 누구시며 이 세계에서 어떻게 존재하시고 활동하시는지를 맛보는 일은 간단한 논리적 진술로 압축될 수 없다. 이러한 시도는 마치 하나님을 (마르틴 부버의 말을 빌리자면) "당신"이 아니라 "그것"으로 대하는 꼴이다. 우리는 하나님을 마치 사물인 양 연구할 수 없다. 그렇게 한다면 신학은 훨씬 논리적이 되겠지만, 이해하기가 더 쉬워진 대가로 아마 참된 하나님은 완전히 놓쳐버리고 우리가 수월하게 다룰 수 있다고 느끼는 관념 속의 하나님만 건지게 될 것이다.

우리의 경험을 말로 표현하는 데는 어려움이 있다. 앞에서도 말했지만, 일차적으로 기독교는 그리스도를 통한 하나님 경험에 관한 종교다. 이 경험을 말로 표현하려 할수록 실제로는 말로 표현할 수 없는 것을 표현하려 애쓰는 우리 자신을 발견할 것이다.

이신칭의 교리는 경험을 개념화하거나 인간 언어로 표현하는 작업에서 역설을 피할 수 없음을 전형적으로 보여준다. 이러한 역설이 생기는 것은 칭의 문제에 관하여 우리 자신과 하나님의 관계 때문이다. 그리스도인은 경험을 통해 우리에게 있는 착한 성품과 우리가 행하는 선이 우리 자신이 아닌 하나님에게서 비롯되는 것이라고 결론 내린다.

바울은 이 역설을 깨닫고 매우 탁월하게 표현했다. "그러나 내가 나 된 것은 하나님의 은혜로 된 것이니 내게 주신 그의 은혜가 헛되지 아니하여 내가 모든 사도보다 더 많이 수고하였으나 내가 한 것이 아니요 오직 나와 함께하신 하나님의 은혜로라"(고전 15:10). 한편으로 보면 열심히 사역한 사람은 분명 바울 자신이었으나, 그는 자기 안에서 하나님이 일하셨다는 관점으로 이 경험을 해석하고 있다. 우리는 도덕적으로 여전히 책임 있는 존재이면서 자유로운 개체다. 그렇지만 그 자유가 하나님이 먼저 취하신 행동에서 비롯한 것임을 안다.

　아우구스티누스가 펠라기우스와 벌인 논쟁에서도 이 역설을 볼 수 있다. 아우구스티누스에 따르면 신자는 회심할 때 하나님께 반응하는 것이지만, 그는 하나님이 회심의 길을 예비하셨고 심지어 그 길로 이끄셨음을 안다. 그러면서도 그 사람은 자유롭게 선택한다. 회심의 한쪽은 하나님에 의해, 다른 한쪽은 인간 행위자에 의해 주도된다는 뜻이 아니다. 오히려 하나님의 은혜가 믿음의 반응을 일으키는데, 인간의 그러한 반응에도 하나님의 손길이 드러날 수밖에 없다. 솔직히 말해서 우리가 칭의에 기여했다고 억지로라도 말할 거리가 있다면 오직 한 가지, 하나님이 은혜롭게 용서해 주신 죄뿐이다.

　다소의 사울처럼 복음을 영영 반대하고 하나님에게서 멀리 떠난 것처럼 보이는 사람의 회심에서도 같은 역설이 나타난다. 아우구스티누스가 들려주는 회심기는 이신칭의의 중요성을 보여주는 한 가지 예일 뿐이다. 그분의 원수로 행하고 그분을 멀리 떠난 자들을 하나님이 만나셔서 그분에게로 이끌어 오실 것이라는 놀랄 만한 교리 말이다. 바울도 알고 있었듯이 하나님과 화해하는 일은 하나님을 영원히 등져버린 것처럼 보이는 사람들에게도 여전히 열려 있다.

　현실에서 이 원리를 보여준 가장 유명한 예는 바로 노예선 선장 존 뉴턴의 회심일 것이다. 죄 된 상황에 빠져 헤어 나오지 못하던 뉴턴은 하나님이 그런 자신마저도 예수 그리스도 안에서 만나시고 정상으로 회복시키신다는 사실에 경악했다. 『신앙의 회고와 기대』(Faith's Review and Expectation)라는 유명한 자서전 첫 머리에는 "죄인 괴수에게 부어진 넘치는 은혜"가 빼어나게 묘사되어 있다.

> 나 같은 죄인 살리신 주 은혜 놀라와
> 잃었던 생명 찾았고 광명을 얻었네.

현실적으로 많은 복음적인 설교가 이 역설을 어떻게 설명해야 할지 종종 난관에 부딪힌다. 그들은 기도할 때 하나님이 회중의 마음을 돌려주시기를 간구한다(회심을 일으키시는 분이 하나님이라는 전제에서). 그러나 정작 설교할 때에는 하나님께 반응하느냐 않느냐의 선택권이 회중에게 있는 것처럼 설교한다(회심이 인간의 자유 의지에 달린 문제인 것처럼). "기도할 때에는 칼빈주의자, 설교할 때에는 아르미니우스주의자"라는 우스개는 이런 상황에서 나온 것이다.

어째서 이 역설이 칭의 교리의 핵심적인 특징이 되며, 왜 그렇게 중요한가? 간단하게 말하자면, 하나님과 인간이 칭의 문제에서 상호작용하는 방식에 관한 두 가지 부적절한 이해를 일부러 배제하고 있기 때문이다. 하나는 우리가 우리 의사와 상관없이 구원을 강요하는 전능자의 손에 마냥 놀아나는 꼭두각시에 지나지 않는다는 견해(보편구원론)다. 그리고 다른 하나는 하나님께 반응하느냐 않느냐는 오로지 우리에게 달린 문제라는 견해다. 후자에게서 "선택"은 다른 뜻이 아니라, 우리가 하나님을 택했다는 뜻이다.

은혜라는 역설(궁극적으로 예정 교리가 이 역설을 뒷받침해 준다)은 이 문제가 그리 간단하지 않다고 강조한다. 어떤 방식으로든 하나님이 우리의 칭의에 개입하시는데, 심지어는 우리가 그분에게 보이는 반응 역시 그분이 개입하신 결과다. 이 역설은 위험스러울 정도로 복음을 단순화하는 경향에 맞서는 안전판이 된다. 특히 복음을 받아들이고 거부하고는 전적으로 우리 마음에 달린 것처럼 주장하는 사람들에게 맞서는 안전판이라고 하면 적절할 것 같다.

모든 행동에는 인간적인 측면이 있지만, 그리스도인은 신적인 측면 또한 있다는 느낌(말로 옮기기에 몹시 어려운 느낌)을 갖는다. 그리고 이 신적인 측면이 인간적인 측면에 우선한다고 느낀다. 아우구스티누스에게 이것은 선행적 은총(prevenient grace), 곧 "우리보다 앞서서" 우리를 위한 길을 예비하는 은총이라는 신비였다. 이 신비는 설명될 수 없지만, 그분이 지으신 세계 안에서 일하시는 하나님의 방식에 대한 기독교적 이해를 충실히 붙드는 한 얼마든지 인식할 수 있다.

### 이신칭의와 인격적인 겸손

이신칭의 교리는 우리의 우리 된 것이 믿음을 통하여 은혜로 말미암아서라고 확증한다. 하나님이 주시고, 우리는 받아들인다. 복음은 신자들이 마치 어린아이처럼 아버지 하나님을 의뢰한다고 묘사한다. 이 묘사는 이신칭의 교리가 제시하는 하나님을 향한 태도와 완전히 일치한다. 칼빈이 말했듯이 우리는 빈손으로 하나님 앞에 나아간다. 우리에게는 드릴 것이 아무것도 없다. 오직 받을 것뿐이다. 주시는 선물을 받기 위해 우리는 하나님께 기도드린다. 이때 우리는 우리의 영적인 실존과 성장이 전적으로 하나님께만 달려 있음을 인정한다. 전적으로 하나님께 의존하는 것이다. 우리는 이 의존을 절실하게 인식하고, 자아관과 하나님과 맺는 관계에 반영시켜야 한다.

펠라기우스주의 신학자인 에클라눔의 율리아누스는 우리가 "하나님에게서 해방"되었기 때문에 우리 힘과 의지로 얼마든지 살아갈 수 있다고 선언했다. 그러나 이신칭의 교리는 우리가 약하고 쉽게 부서지기 때문에 우리의 실존을 관통하는 하나님의 도우심과 은혜가 필요하다고 선포한다.

히포의 아우구스티누스는 교회를 병이 나으려면 의사의 도움을 받아야 한다는 사실을 아는 아픈 사람들로 가득 찬 병원에 비유했다. 이신칭의 교리는 우리의 영적인 질병(죄)을 진단하고, 예수 그리스도의 죽음과 부활을 통해 유효해진 효능 있는 치유책(은혜)을 제공한다. 그 치유책이 눈앞에 있지만, 치유받기 위해서 우리는 그것을 거머쥐어야 한다. 그래서 아우구스티누스는 선한 사마리아인 비유(눅 10:25-37)가 죄 된 인류를 향한 예수 그리스도의 동정심을 보여준다고 해석한다. 우리는 죄로 상처 입어 반쯤 죽은 상태인데, 의사이신 그리스도께서 우리를 도와 온전하게 하려고 오셨다. 두 데나리온(눅 10:35)은 세례와 성례, 즉 우리에게 은혜를 주시는 두 가지 수단을 상징한다. 성찬할 때 우리는 떡을 받기 위해 무릎을 꿇은 채 빈 손을 내민다. 하나님 앞에 나아갈 때 빈손으로, 자신 말고는 아무것도 바치거나 드릴 것이 없으며 은혜로우신 하나님에게서 받을 것투성이라는 사실을 알고 나아가는 것과 마찬가지다.

칭의 교리가 진정한 기독교적 실존에 가장 필수적이라고 확언하는 부분도 바로 하나님께 의존하는 태도다. 토플레디가 찬송가 〈만세 반석 열리니〉에 쓴 말을 빌려보자.

빈 손 들고 앞에 가 십자가를 붙드네.
의가 없는 자라도 도와주심 바라고
생명샘에 나가니 맘을 씻어주소서(새찬송가 494장 3절).

### 이신칭의와 세속적 가치관

이신칭의 교리는 구약과 신약이 강력하게 선포하는 핵심적인 통찰을 개진한다. 바로 하나님은 세상이 보기에, 아니 그들 자신이 보기에도 약하고 어리석은 자들을 택하셔서 일하신다는 것이다.

형제들아 너희를 부르심을 보라 육체를 따라 지혜로운 자가 많지 아니하며 능한 자가 많지 아니하며 문벌 좋은 자가 많지 아니하도다 그러나 하나님께서 세상의 미련한 것들을 택하사 지혜 있는 자들을 부끄럽게 하려 하시고 세상의 약한 것들을 택하사 강한 것들을 부끄럽게 하려 하시며(고전 1:26-27).

문제는 그들의 됨됨이가 아니다. 하나님이 그들을 통해 일하시도록 기회를 드리느냐다. 한 예를 통해 이것의 중요성을 살펴보자.

구약을 보면 위대한 신앙 위인들이 하나님의 부르심을 받은 것은 그들의 지위나 신분, 부 때문이 아니라는 사실에 자주 주목할 수 있다. 하나님이 아브라함을 부르신 것은 그가 위대해서가 아니고 그를 위대하게 하려 하심이다(창 12:1-3). 이스라엘을 택하심은 강대하거나 막강해서가 아니라 그 민족을 사랑하심 때문이다(신 7:7-10).

마찬가지로 기드온은 이스라엘 백성 가운데 신분이 매우 하찮은 사람이었지만, 하나님은 그를 택하셔서 미디안 사람들의 손에서 이스라엘을 구하셨다. 기드온은 이렇게 항변한다. "오 주여 내가 무엇으로 이스라엘을 구원하리이까 보소서 나의 집은 므낫세 중에 극히 약하고 나는 내 아버지 집에서 가장 작은 자니이다"(삿 6:15). 다시 한 번 도식이 세워진다. 하나님은 약하고 비천하며 낮고 하찮은 자들을 택하셔서 그들을 위대하게 하신다.

아마도 이 원리를 가장 파격적으로 보여주는 유명한 예화는 사무엘이 여호와의 기름부으심 받을 자를 찾아 나선 이야기일 것이다(삼상 16:1-13). 이새의 아들 가운데 하나가 이스라엘 왕으로 기름부음 받을 것을 안 사무엘은 훤칠한 키를 보고 엘리압이야말로 왕이 될 재목이라고 생각했다. 그러나 사무엘에게 임한 여호와의 말씀은 달랐다.

그 용모와 키를 보지 말라 내가 이미 그를 버렸노라 내가 보는 것은 사람과 같지 아니하니 사람은 외모를 보거니와 나 여호와는 중심을 보느니라(7절).

마침내 사무엘은 양을 지키러 밖에 나간 막내 다윗이 여호와께서 기름부으실 자임을 알게 되었다. 다윗과 골리앗 이야기에서 극명하게 보듯이(삼상 17장), 다른 사람들은 자신의 강함을 믿고 패배하였지만 다윗은 여호와를 의지했기 때문에 약한데도 승리할 수 있었다.

신약, 특히 바울의 글에서도 같은 원리를 볼 수 있다. 바울은 고귀한 직분을 맡기에는 턱없이 모자란 자신을 하나님이 사도로 삼아주셨음을 깊이 자각하고 있었다. 세상 기준으로 볼 때 바울은 사도가 될 자격이 전혀 없었다. 그러나 하나님은 가망성 없는 이 재목을 쓰셔서 마침내 원하는 사람을 만들어내셨다.

나는 사도 중에 가장 작은 자라 나는 하나님의 교회를 박해하였으므로 사도라 칭함 받기를 감당하지 못할 자니라 그러나 내가 나 된 것은 하나님의 은혜로 된 것이니(고전 15:9-10).

바울이 "십자가 신학"(고전 1:18-2:5)에서 자세히 설명하는 주제가 바로 이것이다. 여기서는 하나님께서 세상이 약하고 어리석게 여기는 것들을 택하신다는 위대한 주제가 능수능란하게 펼쳐진다. 하나님은 별 볼 일 없는 자들을 택하신다. 그래서 하나님의 택하심이 아니면 도무지 그렇게 될 수 없는 유명인으로 만드신다. 낮은 자를 택하셔서 높이 드신다(눅 2:52, 18:9-14).

여기서 펼쳐지는 위대한 주제는 하찮은 것을 택하셔서 위대하고 의미심장하게 만드시고, 세상을 향한 그분의 계획에 유효하게 쓰시는 하나님에 관한 것이다. 이신칭의 교리가 기초를 놓고 열심히 설명하는 주제도 바로 이것이다.[1]

## 이신칭의와 기독교의 미래

기독교는 미래에 어떻게 살아남을 것인가? 과거 유럽과 북미 교회는 존속을 위해 좀 더 바람직한 문화 환경이 조성되어야 한다고 믿었다. 교회의 존립이 사회적인 행동 유형으로 인증되어야 안심할 수 있다고 생각했다. 이런 상황이 계속되면서 이신칭의 교리는 무시되었다. 적합성이나 우선순위에서 밀린다고 보았기 때문이다. 그러나 이런 상태가 지속되지는 않을 것이다. 교회 신자들에게 우호적이던 사회 요소들이 뒤집어진다면 신앙과 교회는 어떻게 존속할 것인가?

바로 이때, 이신칭의 교리가 시의적절하고 특별한 중요성을 드러낸다. 이 교리는 전도, 즉 세상을 향한 그리스도의 선언을 강조한다. 이미 살펴보았듯이 이 교리는 신약에 아주 강렬하게 각인된 그 경험

---

1  루터 사상에서 이신칭의 교리와 "십자가 신학" 사이에 연관이 있음을 알면 재미있다. Alister E. McGrath, *Luther's Theology of the Cross: Martin Luther's Theological Breakthrough* (New York: Basil Blackwell, 1985), 149-751, 153-61을 보라.

이 지금 여기에서도 여전히 유효함을 확증한다. 게다가 개인이 살아나신 그리스도를 지금 여기서 경험할 수 있다고 강조한다.

이 교리는 개인에게 그리스도인이 되고자 하는 동기를 불어넣어 순전한 기독교의 매력을 북돋는다. 막연하게 추정하는 것이 아니라 쟁취하는 신앙이 필요한 이 시대에 결정적인 역할을 한다. 이 교리는 "교회를 서게도 하고 넘어지게도 한다"(아르티쿨루스 스탄티스 에 카덴티스 에클레시애[articulus stantis et cadentis ecclesiae]). 믿지 않는 세상과 달리 교회는 굳건하고 흔들리지 않는 믿음 위에 서 있다. 바로 하나님이 인간 존재, 즉 반드시 죽는다는 사실을 알면서도 이 땅 위를 걸어 다니는 존재에게 영원하고 의미심장한 일을 이루시기 위해 예수 그리스도의 죽음과 부활 안에서 역사하셨다는 믿음이다. 우리의 됨됨이(죄인)는 남김없이 폭로되지만, 하나님의 값없는 은혜로 변화될 가능성도 제공받는다.

하나님은 예수 그리스도의 죽음과 부활을 통해 죄투성이 인류와 새로운 관계를 맺으셨다. 교회의 생명(교리, 예배, 선포)은 오직 이 관계만이 이 땅에 진정한 인간 실존의 토대를 구축한다는 것을 아는 지식에 뿌리내리고 있다. 진정성, 용서, 영생, 의미, 목적이라는 중요한 주제들은 이신칭의 교리에 의해 확인되고 설명된다.

이 교리는 마치 자유의 횃불처럼 한 세대에서 다음 세대로 전수되어가는 영적인 유산이다. 따라서 우리는 후세에 이것을 전해야 한다. 은혜롭게도 복음은 죄 된 인간을 의롭다 하시는 살아 계신 사랑의 하나님이 우리에게 맡아서 관리하라고 주신 엄청나게 값진 진주다. 그러므로 우리는 이 교리를 안전하게 지키고 수호하며, 우리 자신을 위해서 활용해야 한다. 새로운 세대가 태어나 살아 계신 하나님의 은혜로우심을 발견하고 그것에 반응할 준비를 하고 있다. 우리는 마치 이어달리기 주자처럼 지난날 우리가 건네받은 이신칭의 교리를 다음 세대에 전달하기 위해 바른 위치에서 준비하고 있어야 한다.

# 부록

# 이신칭의 교리의 중요성
JUSTIFICATION BY FAITH

　기독교 신앙의 중심에는 예수 그리스도가 계시다. 모든 세대에 같지만 원천적인 질문이 던져졌다. "너희는 나를 누구라 하느냐?"(마 16:15) 이 원천적이고 핵심적인 삶의 질문, 즉 도대체 하나님이 누구이신가, 그분은 어떤 분인가, 우리의 본성과 운명은 무엇인가에 대해 기독교 신앙이 내놓은 답변은 "예수 그리스도"로 집중된다. 이 비범한 인물은 누구인가? 왜 그분이 그토록 중요하다고 말하는가? 그러나 예수가 누구인지는 그분이 우리를 위해 무슨 일을 하셨는지와 결코 별개로 다룰 수 없다.[1]

　예수님이 누구인지와 무슨 일을 하셨는지는 동전의 양면과 같다. 아마도 독일 종교 개혁자인 필리프 멜란히톤의 유명한 말이 이 일반적인 원리를 가장 잘 요약하지 않았나 싶다. "그리스도를 안다는 것

---

1　이 문제에 관한 좀 더 구체적인 논의는 Alister E. McGrath, *Understanding Jesus: Who Jesus Christ Is and Why He Matters*(Grand Rapids: Zondervan, 1987)를 보라.

은 그분이 베푸신 유익을 안다는 것이다."

예수 그리스도의 정체성은 그분의 구원하시는 사역을 통해서 알 수 있다. 그러한 그분의 사역은 무엇보다 그런 일을 하실 수 있는 분이기에 가능한 것이다. 따라서 예수 그리스도에 관한 우리의 관심은 그분의 이름 안에 선포된 구원에 대한 관심에서 시작된다. 기독론(예수 그리스도의 정체성에 관한 질문)과 구원론(예수 그리스도가 우리를 위해 하신 일에 관한 질문)을 분리하여 생각할 수 없다는 견해에 신학자들이 전반적으로 동의하는 것을 볼 때, 구원론에 대한 관심과 주목이 점점 커지고 있음을 알 수 있다.[2]

예수 그리스도를 통해 하나님과 화목되는 것은 교회 안 사람들에게 중요한 현실이고 교회 밖 사람들에게는 중요한 가능성이라는 전제가 기독교의 복음 선포 밑바닥에 깔려 있다. 그리스도를 선포한다는 것은 그분이 베푸신 유익을 선포한다는 것이다. 기독교 선포의 핵심은 우리가 참으로 죄인이지만(그리고 여전히 죄인으로 남아 있지만!) 예수 그리스도의 죽음과 부활을 통해서 살아 계신 하나님과 화해할 수 있다는 것이다.

그렇다면 어떻게 이런 일이 있을 수 있는지 묻는 것도 당연하다. 우리가 받아들여질 만한 존재가 아닌데도 받아들여졌다는 것을 인정하기란 참으로 어렵다. 거룩하고 의로우신 하나님이 우리 같은 죄

---

2   기독론과 구원론의 연관에 관해서는 Alister E. McGrath, "Christology and Soteriology: A Response to Wolfhart Pannenberg's Critique of the Soteriological Approach to Christology"를 보라. 볼프하르트 판넨베르크의 기독론에 관한 구원론적 접근 비판은 *Theologische Zeitschrift* 42/3 (1986): 222-36를 보라.

인들과 관계를 맺으신다는 사실이 도대체 가능한가? 어떻게 이 일이 가능한지를 두고 설왕설래하는 수많은 이론이 있다. 그 일이 가능하다는 아주 단순한 사실 앞에서 이 이론들은 오히려 무색할 지경이다.

이 엄청난 사실을 선포하는 것을 통해 교회는 믿지 않는 세상에 강경한 태도를 보여준다. 교회는 인간 상황의 변화 가능성, 인간이 처한 곤경이 십자가에 달리셨다가 부활하신 그리스도를 만나는 것으로 해결될 수 있다는 가능성을 선포한다.

기독교 선포의 핵심 요소는 하나님이 예수 그리스도의 죽음과 부활을 통해서 우리에게 구원을 선물로 주셨다는 사실이다. 도덕적으로나 종교적으로 새로워지는 것은 용서의 조건이 아니다. 용서는 하나님의 선물로, 우리에게 조건 없이 주어진다. 우리는 빈손으로 그분 앞에 나아간다. 그분에게 드릴 것이라고는 그분의 은혜로 말미암아 받은 것 말고는 아무것도 없다.

한편, 이 선물은 변화를 수반한다. 씨를 뿌리면 열매가 맺히듯이, 용서 역시 새로워짐과 중생을 가져온다. 이 순서를 뒤바꿔서 용서가 조건적이라고, 다시 말해 용서는 새로워짐과 중생에 달렸다고 말하면 복음에서 가장 결정적인 알맹이가 증발되고 복음은 마치 18세기를 풍미한 계몽주의처럼 하나의 도덕주의로 변질되고 만다. 하나님은 요구하기 전에 선물을 주시는 분으로, 그분의 선물은 새로워짐과 변화를 가져온다.

하나님이 예수 그리스도의 죽음과 부활을 통해 인간 상황에 영구적인 적합성을 갖는 놀랍고 엄청난 일을 이루셨음을 인식한 1세기 그리스도인들은 이 점을 표현하기 위해 무척 애를 썼다. 이 일은 녹록하지 않았다. 살아 계신 하나님과 구속하는 만남에서 겪는 풍성함과 생생함을 어떻게 말로 다 표현할 수 있겠는가! 신약, 특히 바울 서신들은 예수 그리스도의 죽음과 부활을 통해서 성취된 일들을 표현하기 위해 온갖 개념이 동원되었음을 보여준다. 구속, 구원, 용서, 칭의, 화목³과 같은 개념은 하나님이 예수 그리스도 안에서 우리를 위해 이루신 원대한 현실의 일면 또는 더 많은 면을 조명한다.

이 개념들 가운데 어느 하나도 "그리스도께서 베푸시는 유익"을 완전하게 그려내지 못하지만, 한데 모이면 드러내야 할 전체 그림을 보여준다. 마치 모두 모이고 합해져서 그림 한 점으로 드러나는 퍼즐 조각들처럼, 화가의 붓질 하나 하나처럼, 이 개념들은 1세기 그리스도인들이 십자가에 달리셨다가 부활하신 그리스도를 통하여 살아 계신 하나님을 만난 경험의 전체 모습을 함께 드러낸다. 그리고 그들의 경험이 곧 우리의 경험이 된다. 마찬가지로 그 경험을 설명하고 전달하려고 애쓴 사실 역시 우리 것이 된다.

신학자들이 예수 그리스도의 십자가와 부활에 나타난 하나님의 구원 사역이라는 성경 개념의 풍성함을 부여잡고 씨름할 때, 그 구원 사역의 본질과 목적을 가장 탁월하게 요약한 개념이 등장하였다. 바로 "이신칭의"다.⁴ 복음, 특히 바울 서신(예를 들면 로마서 5장 1절)에서 가

---

3  이 용어에 대한 간략한 논의를 담은 책으로는 McGrath, *Understanding Jesus*, 123-36를 보라.
4  이 부분을 강조하는 이유로는 Alister E. McGrath, *Iustitia Dei: A History of the Christian Doctrine of Justification*, 2 vols.(Cambridge: Cambridge University Press, 1986)를 보라.

장 두드러지게 나타나는 이 사상은 예수 그리스도의 죽음과 부활을 통해 용서와 구속, 구원이 선물로 제공되었고 살아 계신 하나님과 창조적인 만남을 가짐으로써 변화된다는 신약의 선포를 압축하고 있다는 평을 받는다.

1부에서도 지적했지만, 이 중심 사상은 교회사를 통해 쉴 새 없이 위협받았다. 이신칭의 교리가 종종 논쟁하기 좋아하는 입심 좋은 사람들의 얘깃거리일 뿐이라는 인상을 받은 것도 사실은 어떻게 살아 계신 하나님과 화목하게 되는가에 대한 우리의 오해와 부족한 이해에 이 교리가 강력하게 도전했기 때문이다.

사실 이신칭의 교리는 처음에 바울이 세운 것과는 아주 다른 의미를 가지게 되었다. 조직신학에서 이 교리는 은혜롭게도 예수 그리스도의 십자가 처형과 부활을 통해 하나님과 깨어진 관계를 회복하는 일을 가리킨다. 이 전제를 통해 교회의 선포를 구축하게 되었다. 살아 계신 하나님과 바로 지금 이곳에서 참되고 진실하며 진정한 관계를 맺을 수 있다는 선포를 말한다. 또한 하나님의 교회는 이 확고한 믿음에 근거하여 믿지 않는 세계와 자신을 구별한다.

이신칭의 교리는 이 선물로 인간 상황에 일대 지각 변동이 일어난다고 선언한다. 거룩하고 의로우신 하나님과 죄 된 인간 사이에 평화가 깃들 수 있는 것이다. 죽어 있고 경건하지 않은 인간 실존이 우리 주 예수 그리스도의 아버지 하나님과 생명력 있는 관계를 맺는 자리로 옮겨갈 수 있다고 주장한다. 하나님의 교회는 이 진리를 어떻게 확증하느냐에 따라 서거나 넘어진다. 이신칭의 교리가 흔히 "교회를

서게도 하고 넘어지게도 한다"고 불리는 이유다.[5]

구약과 신약은 칭의를 명백히 변혁적인 경험으로 간주한다. 달리 말해서 칭의는 우리를 변화시킨다. 우리를 바꾸어놓는 창조적인 능력으로 가득하신 하나님과 새로운 관계를 시작하는 것이다. 앞서 보았지만, 신학은 이 중요한 통찰을 여러 방법으로 표현한다. 아우구스티누스는 칭의를 의롭다고 선언되는 사건뿐 아니라 의롭게 만들어져 가는 과정까지 포함하는 것으로 본다. 칼빈은 칭의라는 한 실재가 지닌 두 측면이 나뉠 수 있다고 본다. 즉 **칭의**라는 **사건**(이 사건 안에서 우리는 의롭다고 선언된다)과 그 속에서 의롭게 되는 **중생** 또는 **성화**라는 **과정**으로 나누는 것이다.

칼빈이 강조했듯이, 칭의와 성화는 동일한 신적 행위(고전 6:11)의 두 측면으로 간주된다. 칼빈은 이 둘을 함께 묶어 "이중 은혜"라고 불렀다. 물론 아우구스티누스와 칼빈은 서로 "칭의"라는 용어를 다른 의미로 사용했다(아우구스티누스가 "칭의"라고 말한 개념은 칼빈에게 "칭의"와 "성화" 모두를 가리킨다).

앞서 살폈지만, 이것은 상당한 혼동을 일으킨다. 두 사람의 견해 가운데 어느 것이 더 성경의 증거에 충실한지는 토론해 봐야 할 문제다. 그러나 어느 경우든 기본 개념은 같다. 부활하신 그리스도와 창조적인 만남을 개시하는 사건이 벌어진다. 이 만남을 통해 용서받고 새롭게 지음받는다. 하나님은 우리가 선 곳에서 우리를 만나시며 우

---

[5] Alister E. McGrath, "The Article by which the Church stands or falls," *Evangelical Quarterly* 58/3 (1986): 207-28를 보라.

리를 그곳에 내버려두지 않으신다! 사죄와 용서를 베푸실 뿐 아니라 그와 함께 변화와 새롭게 됨이 뒤따라온다.

우리가 당할 저주를 없애시고 그분 앞에서 살 수 있는 새로운 신분을 주실 때, 하나님은 은혜를 통해 우리를 재형성하시고 새롭게 하신다. 이 모든 관련 주제를 강조하는 것이 바로 이신칭의 교리의 기본 내용이다. 이신칭의 교리의 핵심은 하나님이 예수 그리스도 안에서 우리에게 그분 자신을 내어주시고, 믿음을 통해 예수 그리스도와 연합하는 결과, 내적으로 새로워지고 변화가 일어난다는 것이다.

칭의 안에서 하나님이 우리에게 베푸신 선물은 다른 무엇도 아닌 그분 자신이다. 하나님은 칭의 안에서 우리를 그분의 성전으로 삼으셔서 영원히 거하시며, 우리 힘으로는 절대 이루지 못할 일을 해주겠다고 제안하신다. 존 헨리 뉴먼이 지은 유명하지만 난해한 찬송 "지존하신 분을 찬양하라"도 이것을 강조한다.

은혜보다 귀한 선물이
혈과 육을 정결하게 하오니
하나님의 임재와 바로 그분 자신
이것이야말로 모든 신적인 것의 알맹이

이쯤에서 칭의 개념과 칭의 교리를 구별하는 것이 좋을 것 같다. **칭의 개념**은 신약(그중에서 특히 바울 서신)에서 "그리스도께서 베푸시는 유익"이 무엇인지를 개괄적으로 보여주기 위해 사용하는 여러 개념

가운데 하나다. 이 개념은 저주가 종결되고 하나님과 더불어 새로운 관계와 신분이 수립되는 것을 말해 준다(롬 3:22-27, 4:5, 5:1-5). 입양(아들 됨) 개념은 우리가 하나님의 자녀로 새로운 정체성을 획득하였음을 보여준다(롬 8:15-17). 화해와 용서 개념은 깨어진 관계의 회복을 말한다(고후 5:18-21, 엡 2:13-18). 구속과 해방 개념은 속박과 노예 상태에서 구출된 것과, 이 일을 위해 하나님이 그리스도 안에서 값을 치르신 것을 말한다(막 10:45, 엡 1:7). 여기서 칭의는 예수 그리스도 안에서 우리의 새 생명을 "형성"하는 요소가 무엇인지를 설명하는 데 아주 중요하지만, 모든 것을 포괄하는 개념은 아니라는 것을 알 수 있다.

그러나 **칭의 교리**는 "그리스도께서 베푸시는 유익"을 개인에게 어떻게 적용할 수 있는지를 이야기한다. 예수 그리스도 안에 있는 이 새로운 생명을 어떻게 시작할 수 있는가? 변화를 가져오는 이 만남에서 그리스도 안에 계시된 하나님을 만나려면 무엇을 해야 하는가? 칭의 교리는 신학에서 작은 발단이지만 중대한 결과를 초래한다. 한 개인에게 믿음의 공동체에 들어올 수 있는 길을 보여주기 때문이다. 이 교리는 교회로 들어가는 관문이다. 예수 그리스도에 대한 기독교의 전파를 좌우하는 것도 이 교리다. **칭의 개념**은 기독교 신학의 중심이 아닌 것처럼 보일 수도 있다. 그렇다고 쉽사리 **칭의 교리**가 중심성을 결여하고 있다는 결론을 내려도 좋다는 뜻은 아니다.

교회가 자신의 존속에 호의적인 문화 환경에 매달리는 것이 아니라 사람들의 영과 지성을 사로잡아야 할 시대가 오면, 칭의 교리는 새삼 그 중요성을 인정받을 것이다. 이 교리는 그리스도가 사람들을 위해 무엇을 하셨고 어떻게 그것을 자기 것으로 삼을 수 있는지를 사람들 앞에 던져 놓아 그들이 그리스도께 사로잡히는 일에 관한 것이기 때문이다.

따라서 이신칭의 교리는 신학적, 역사적으로 볼 때 놀라운 확언을 하기에 이른다. 하나님이 예수 그리스도를 통해 우리가 서 있는 바로 그곳에서 우리를 만나시고, 우리를 포용하시며, 본연의 자리로 이끄신다는 것이다. 이 교리는 인간의 죄성과 하나님의 은혜로우심 양쪽을 분명하게 보여준다. 죄가 없다면 칭의도 없다. 은혜가 없다면 칭의도 없다.

이신칭의 교리는 진정 인격적이고 변화를 일으키시는 그리스도의 임재가 신자들 안에 선물로 베풀어진다고 단언한다. 신약에서 말하는 칭의에는 이런 맥락이 전반적으로 강조되고 있음을 어렵지 않게 볼 수 있다. 그러나 그렇더라도, 이러한 사실이 칭의 교리의 중요성에 영향을 끼치지는 않는다.

"이신칭의"는 기독교 신앙에 대한 중대한 통찰을 확증하는 직접적인 방법이자 표어, 암호로 이해하는 것이 가장 좋다. 텅 빈 손으로 하나님께 나아갔는데 미처 상상하지 못했고 받을 자격도 없는 선물, 즉 십자가에 처형되셨다가 살아나셔서 우리 안에 계신 그리스도의 임재와 용서, 거듭남, 영원한 생명을 약속하신다는 것이다.

영어권 신학계에서 "속죄"라는 용어를 두고 비슷한 상황이 벌어졌다. 이 두 경우를 비교해 보면 도움이 될 것이다. "속죄"라는 용어는 "예수 그리스도의 사역"이라는 말과 동등한 것으로 간주된다. 제목에 "속죄"라는 말이 붙은 책을 한 권 골라보라. 그 책은 분명 그리스도께서 십자가에 달려 성취하신 일을 다룰 것이다.

이렇게 된 데에는 역사적 배경이 있다. 16세기 초엽 영국 개혁자 윌리엄 틴데일은 신약을 영어로 번역했다. 그는 헬라어 "카탈라게" (katallage, 요즘에는 주로 "화해"라고 번역한다)를 "속죄"로 번역했다. 틴데일은 "속죄"(atonement, 이 단어를 at-one-ment로 끊어 읽으면 마치 "하나 됨", 즉 "화해"라는 뜻을 지닌 것으로 해석할 수 있다_옮긴이)를 우리가 "화해"라고 이해하고 있는 상태를 뜻한다고 본 것이 분명하다.

그러나 "속죄"는 "하나님과 화해할 수 있는 토대"라는 의미로 확대되었다. 바울의 구원론적 용어 가운데 하나(속죄)가 "하나님과 화해할 수 있는 토대"를 의미하게 된 것처럼, 다른 하나(칭의) 역시 "예수 그리스도 안에 있는 값없는 구원의 선물"을 뜻하는 말이 되었다.

여기서 종종 혼돈을 불러일으키는 기독교 교리의 두 관계 영역을 구분하고자 한다. 다음은 조심스럽게 구별해야 한다.

**칭의의 토대.** 이것은 무엇보다 칭의가 어떻게 가능한지를 다룬다. 거룩하시고 의로우신 하나님이 왜 죄인과 교제하셔야 하는가? 이 질문과 관련해서 우리는 칭의의 객관적인 기초와, 궁극적으로 이 일을 가능하게 하는 토대를 점검하게 된다. 이 질문은 신학 영역에서 다뤄지는데, 종종 "그리스도의 사역 교리" 또는 "속죄 교리"라고 불린다.

**칭의 교리.** 이 교리는 칭의의 객관적인 토대를 전제로 한다. 달리 말해서, 하나님이 죄인을 의롭다 하실 수 있다고 전제한다. 그리고 여기서 출발해서 좀 더 긴급하고 실천적인 질문을 던진다. "이 관계가 구현되기 위해서 우리는 무엇을 해야 하는가? 이 중차대한 가능성을 어떻게 현실화할 수 있는가?"

속죄 교리 또는 그리스도의 사역 교리(칭의의 토대)는 왜 칭의가 가능한지를 말하는 반면, 칭의 교리는 의롭다 하심을 받기 위해서 무엇을 해야 하는지를 다룬다. 속죄 교리가 약간 이론적이라면, 칭의 교리는 실천적이고 기독교 설교와 상담, 복음 전도에서 매우 중요한 의미를 지닌다. 이 점과 관련하여 한 가지 예를 들어보자.

당신은 주차된 차 안에 있다. 이제 시내를 가로질러 중요한 모임에 가려고 한다. 그러려면 시동을 걸어야 할 것이다. 어떻게 하겠는가? 점화 장치에 키를 넣고 돌린다. 모터가 돌아가면서 시동이 걸린다. 왜 이렇게 되는가? 키를 돌리니까 전기 회로가 작동되고 그것이 모터를 건드려 엔진이 돌아가면서 점화 플러그에 순간적으로 고압 전류가 방출되었기 때문이다. 이 전류가 가솔린에 옮겨 붙어 소규모 폭발이 일어나 피스톤을 내려 보낸다.

우리는 지금 두 가지 질문을 마주하고 있다. 하나는 매우 실제적이고(차를 출발시키기 위해 무엇을 해야 하는가?), 또 하나는 훨씬 이론적이다(왜 그 일이 일어나는가?). 칭의 교리는 기본적으로 기독교 신앙 안으로 들어오기 위해 무엇을 해야 하는지에 관한 내용이고, 그리스도의 사역 교리는 왜 그 일이 가능한지에 관한 내용이다. 자동차를 좀 더 예로 들자면, 그리스도의 사역은 마치 모터의 동력이 자동차를 움직이듯 무엇이 우리의 칭의를 추진하는 동력이냐와 관련된다.

속죄 교리와 칭의 교리의 관계를 다른 식으로 설명할 수도 있다. 어마어마한 크기의 수력 발전소가 있다. 전력을 생산하기 위해서는 매초 수천 톤의 물이 들어와야 한다. 아니면 석탄이나 석유를 때서 열을 만들어 엄청나게 큰 터빈을 돌려 발전기를 작동시켜야 한다. 기계들이 돌아가면서 내는 굉음, 발전기가 쉭쉭거리는 소리를 들으면서 이 발전소에서 나오는 동력, 에너지를 실감할 수 있다.

이번에는 전기로 돌아가는 갈이판이 설비된 공장을 생각해 보자. 전력을 넣으면 갈이판이 돌아간다. 전기 모터가 속력과 힘을 높이면서 작업을 준비한다. 수천 톤의 물과 화로의 불이 내는 에너지는 우리가 어떻게 쓰느냐에 따라 달라진다. 여러 가지 면에서 이것은 속죄와 칭의의 관계를 보여준다.

속죄는 기독교 신앙의 발전소이자 새 생명의 원천이다. 하나님의 권능이 우리 것이 될 수 있도록 떠받쳐주는 토대다. 그러나 우리는 그 동력을 최적화해서, 즉 전원 스위치를 올려 동력과 연결되어야 한다. 칭의는 마치 스위치를 올리는 행위와 같다. "그리스도의 유익"이 우리 것이 되고 우리 삶에 현실화되는 통로가 바로 칭의다. 속죄 교리와 칭의 교리는 같은 사슬에 있는 아주 중요한 연결 고리다. 하나는 "이유", 다른 하나는 "방법"을 말할 뿐이다.

기독교 신앙은 하나님이 그리스도 안에서 죄인과 새로운 관계를 세우셨다는 사실에 서고 넘어짐이 좌우되고, 신앙생활은 하나님께 속한 이 결정적인 행동에 관한 지식에서 나아가고 물러섬이 결정된다. 이 신앙이 거짓이라면, 기독교 신앙은 매우 자아도취적인 망상이 된다. 그러한 신앙은 분명하다. 그러나 결국 헛된 꿈에 지나지 않은 망상이다. 그러나 참이라면, 인생의 의미, 인간의 본질과 운명, 하나님의 본성과 목적에 대한 기독교적인 이해에서 중심적이고 결정적인 요소로 인정되어야 한다.

이신칭의 교리는 인간과 하나님의 관계에서 인간 실존의 핵심을 다룬다. 또한 교회의 선포, 신앙생활 확립과 성장, 인간의 안전과 미래관을 규정한다. 마르틴 루터는 "다른 모든 교리의 주인이자 통치자, 주권자, 총독, 심판관으로, 모든 기독교 교리를 지키고 좌우할 뿐 아니라 하나님 앞에서 우리 양심을 흔들리지 않게 붙들어준다"고 말할 정도로 이 교리를 중요하게 여겼다. 이것을 이해했다면 기독교적 삶의 모든 측면, 즉 신학, 영성, 윤리와 관련해서 이 교리의 중요성을 탐색하고, 그 중요성에 근거하여 행하여야 한다.

다른 대학생들도 그랬지만, 나 역시 수학을 공부해야 했다. 내가 재미있어한 부분은 벡터였다. 벡터는 기본적으로 힘이 특정 방향으로 움직이는 것을 다루는데, 시험에는 다른 방향으로 향하는 힘의 크기를 구하라는 문제가 자주 나왔다. 삼차원 축인 $x, y, z$에서 "벡터를 구하되 그 구성 요소를 밝히라"는 식이다. 벡터 $V$가 $x, y, z$축 주변으로 변이되어 구성 요소 $V_x, V_y, V_z$를 발생시킬 수 있듯이, 칭의 교리는 신학적, 영적, 윤리적 축 주변으로 변이되어 얼마든지 신학적, 영적, 윤리적 구성 요소로 정착된다. 우리는 하나님이 예수 그리스도의 죽음과 부활을 통해 우리에게 구원을 선물로 주셨다는 이 독특한 주장이 함의하는 바가 무엇인지 점검해야 한다.

이신칭의 교리는 신앙에서 가장 중요한 교리가 될 싹을 품고 있다. 이 교리에는 하나님과 그리스도, 그리고 바르게 해석했을 때 구체적으로 기독교적 의미에서 쓰일 수 있는 인간 본성에 관한 관점이 들어 있다. 이 교리가 신앙의 중심에 서 있다는 주장을 통해 우리는 신학 체계의 진정한 중심과 현실적 한계를 적절하게 규정할 수 있다. 여기에서 네 가지 결과가 나온다.

1. 예수 그리스도의 죽음과 부활 안에서 이루어진 하나님의 구원 사역은 기독교 신앙의 핵심으로 선언된다.
2. 이 교리에 반드시 필요한 전제, 또는 이 교리를 통해 반드시 나오는 결과는 기독교 신앙에서 핵심적인 요인으로 간주되어야 한다.
3. 이 교리가 거부하는 견해는 기독교 신앙의 한계를 임의로 설정하는 비기독교적 또는 반기독교적 요인으로 간주되어야 한다.
4. 이 교리가 직접 다루지 않는 문제는 아디아포라(*adiaphora*, 대수롭지 않은 문제)로 치부하거나, 다른 이차적 기준을 적용하여 해결할 수 있는 문제로 치부해야 한다.

1번에서 3번까지 한 항목씩 살펴보자.
  1. 예수 그리스도 안에서 일어난 하나님의 구원 사역이 기독교 신앙의 핵심이라는 주장을 통해 우리는 합리적인 신학적 추론이 이 사역에서 시작하고 이것에 근거하여 규정되어야 한다고 말한다. 기독

교 신앙과 교회를 존재하게 하고, 존재의 근거를 제공하는 것은 다름 아니라 바로 이 사역이다.

마르틴 루터가 지닌 이러한 인식이 "십자가 신학"(테올로기아 크루치스 [theologia crucis])을 이끌어냈다. 신학은 형이상학에 관한 추상적 추론이 아니며, 예수 그리스도의 십자가와 부활이라는 구체적인 사건과 관련된 것이라고 주장하였다.[6] 기독교 신앙의 중심 과제가 집약되는 곳 역시 이 부분이다. 마치 바퀴를 지탱시키는 바퀴살들이 바퀴 중앙을 향해 모여 있듯이 말이다.

이 면을 매우 진지하게 다룬 루터는 신학의 본질을 이렇게 진술하였다. "신학의 주제는 죄 덩어리인 인간과 의롭다 하시는 하나님, 죄된 인간을 구하시는 구주다." 학문 중심의 신학계는 신학의 과제를 예수 그리스도의 죽음과 부활에 나타난 하나님의 자기 계시에 관한 묵상이 아니라 철학적인 관조로 보는 경향이 계속되어왔다. 그런 점을 생각할 때, 루터의 이 진술은 매우 중요하다. 신학은 자체의 안건을 정하지 않는다. 신학의 안건은 기독교의 선포에 의해 정해진다.

루터가 보기에 하나님은 추상적인 개념이 아니라 죄인을 의롭다고 하시는 분으로 인식되어야 한다. 이와 함께 우리가 하나님에 관하여 "객관적인 지식"을 가질 수 있다는 생각을 거부해야 한다. 하나님에 관한 지식은 결코 객관적이지 않다. 그것은 구원 약속을 신실하게 지

---

6 이 주제에 관한 좀 더 상세한 연구는 Alister McGrath, *The Mystery of the Cross*(Grand Rapids: Zondervan, 1988)를 보라. 또한 Walter von Loewenich, *Luther's Theology of the Cross*(Minneapolis: Augsburg, 1976), 17-24를 보라.

켜가는 하나님의 성실하심을 반영하는 것이다.

하나님은 우리를 의롭다 하시는 분, 은혜의 언약 아래 서게 하시는 분, 예수 그리스도의 죽음과 부활을 통하여 영원한 생명을 주시는 분으로 다가오신다. 이것은 하나님에 대한 객관적, 역사적 지식이 아니다. 우리의 실존을 변화시키겠다고 약속하는 창조적이고 구속하는 지식이다.

"우리를 자유롭게 하는 진리"(요 8:32)는 추상적인 지식이 아니다. 진리는 하나님의 구원 의지이자 그 사역인 예수님 자신이다(요 8:36). 예수 그리스도 안에서 우리는 죄 된 우리 자신과 구속자 하나님에 관한 지식을 갖게 된다. 예수 그리스도의 죽음과 부활이 기독교 신앙과 교회를 낳았으며, 존립의 근거를 만들어준다.

"십자가 신학"은 하나님을 개념화하려고 하는 우리 성향과 반대되는 것으로, 하나님은 강의실에서 갑론을박할 수 있는 개념이나 사상이 아니며, 인간 역사를 변화시키기 위해 역사 안에서 일하시는 살아 계신 하나님 그 이상도 이하도 아니라고 주장한다. 하나님은 먼저 행동을 취하셔서, 즉 예수 그리스도 안에서 우리를 의롭다 하시고 구속하시는 것을 통해 우리에게서 주도권을 취하신다.

칼빈 역시 비슷하게 생각했다. 그가 쓴 유명한 『기독교강요』(생명의말씀사)에 따르면 하나님을 아는 지식에는 두 종류가 있다. "창조주 하나님에 관한 지식"(코그니티오 데이 크레아토리스[cognitio Dei creatoris])과 "구속주 하나님에 관한 지식"(코그니티오 데이 레뎀토리스[cognitio Dei redemptoris])이다. 전자는 눈을 들어 밤하늘을 바라보거나 창조 세계의 아름다움이나 질서 정연함을 묵상하는 사람 누구에게나 열려 있는 지식이다. 반면 구속주 하나님에 관한 지식은 기독교에서만 발견할 수 있는 지식이다. 이것은 십자가에 처형되셨다가 다시 사신 예수 그리스도와 성경에 나오는 그분에 관한 증거에 집약되어 있으며, 거기에 초점을 둔다. 그렇기 때문에 칼빈에게 기독교만의 하나님 지식은 그분이 그리스도 안에서 우리를 구속하시기 위해 역사하셨다는 사실과 관련된 것이다.

그 지식은 하나님이 먼저 우리를 창조하셨음을 부인하지 않는다. 기독교는 이 점에서 이슬람교와 유대교, 이신론과 다르지 않다. 그렇지만 기독교는 하나님이 예수 그리스도를 통해서 그분이 지으신 세계를 구속, 즉 재창조하셨음을 아는 가운데 창조를 믿는다.

이것이 지닌 역사적 적합성은 뚜렷하다. 초기 그리스도인들은 예수 그리스도를 구주이자 주님으로 예배하기를 주저하지 않았다. 초기 교부 시대의 기독론 논쟁과 삼위일체 논쟁은 오직 예수 그리스도를 통해서만 인간이 구속받을 수 있다는 근본적인 신앙을 유지하는 문제와 관련된다.

역사적으로 볼 때, "하나님께서 그리스도 안에 계시사 세상을 자기와 화목하게"(고후 5:19) 하시는 것을 인식하는 것이 예수 그리스도의 신성을 알게 한다는 주장에는 충분한 이유가 있다. 4세기에 벌어진 아리우스주의 논쟁 때에도, 그리스도만이 인간의 유일한 구속자라는 굳은 믿음은 그리스도에 대한 상반된 두 견해 사이에서 공통 기반이었다.

기독교 신학의 본질과 과제를 올바로 이해하는 데 이 점이 지닌 중요성 또한 매우 분명하다. 최근 학문적 신학계에서는 설교와 신학 사이에 칸막이를 치는 경향을 볼 수 있다. 그러나 이 둘은 떼려야 뗄 수 없는 관계다. 설교는 기본적으로 예수 그리스도 안에서 일어난 하나님의 구원 사역을 현세대에 다시 드러내는 행위다. 또한 예수 그리스도의 죽음과 부활을 통하여 인간이 살아 계신 하나님과 만나 화해할 수 있는 가능성과 현실성, 필요성에 마주 서도록 하는 시도다. 이 부르심에 응답하고, 십자가에 처형당하셨으나 부활하신 그리스도께 나아올 때 믿음이 태어난다.

기독교 선포는 기본적으로 인간 상황과 관련하여 예수 그리스도께서 얼마나 중요하신지 그 핵심을 뽑아내거나 요약한 것으로서, 이 중요성이 우리에게 적용되도록 초청하고 도전한다. 신학이 교회에 가장 중요한 의무라고 생각되는 것(그리스도를 세상의 구주이자 주님으로 선포하는 행위)과 교회의 본질과 정체성에 관한 숙고 사이에 칸막이를 치는 일은 있을 수 없다.

칼 바르트는 이것을 충분히 이해하였다. 그는 신학이 기독교 선포를 지지하는 결정적이고 중요한 도구라고 생각했다. 신학은 선포에 관한 것, 곧 예수 그리스도에 관한 설교다. 그 설교에서 가장 핵심이 되는 전제는 하나님이 예수 그리스도를 통해 무엇인가를 성취하셨다는 것이다. 바르트의 다음 언급에는 풍성한 통찰이 엿보인다.

인간이 언약을 깨뜨렸지만 거룩하신 하나님은 죄 된 인간과 새로운 관계를 수립하셨다. 기독교 공동체와 기독교 신앙은 인간의 어떤 범죄도 이 관계를 파괴되거나 무르지 못한다는 진실 위에 굳게 서든지 모조리 무너지든지 한다. 기독교 공동체는 이 기초 위에 서고, 그 위에서 움직인다. 하나님이 예수 그리스도 안에서 세상과 화해하셨다는 확신과 사실에서 믿음이 발생한다.[7]

다시 말해 하나님이 예수 그리스도를 통하여 인간 상황을 고치신다는 신앙에 근거하여 교회와 기독교 신앙이 **존재**하며, 예수 그리스도에 대한 선포가 **전개**된다. 이것이 기독교 신학의 대전제이며, 반드시 대전제로 인식되어야 한다.[8]

11세기의 유명한 주교이자 신학자인 캔터베리의 안셀무스는 많은 사람이 받아들일 수 있을 만한 말로 신학을 정의했다. 신학은 "이해를 추구하는 믿음"(피데스 퀘렌스 인텔렉툼[fides quaerens intellectum])이다. 즉 이미 **믿은** 내용을 **이해하는** 작업이다. 그 믿음의 중심, 정확히 말하자면 그 믿음의 **직접적인 원인**은 예수 그리스도가 하나님의 구원 사역으로 십자가에 못 박히시고 부활하셨다는 사실이다.

신학자가 어떤 관심을 펼쳐 보이든 간에, 신학(생각하는 방식), 영성(기도하는 방식), 윤리(행동하는 방식)는 죄 된 인간이 의롭다 칭함을 받은 결과를 탐색하고 설명해야 할 필요를 최고 우선순위로 삼아야 한다.

---

7   Karl Barth, *Church Dogmatics* (Edinburgh: T. & T. Clark, 1956), IV/1, 518.
8   좀 더 충분한 논의에 관해서는 Alister E. McGrath, "Justification and Christology: The Axiomatic Correlation between the Proclaimed Christ and the Historical Jesus," *Modern Theology* 1/1 (1984): 45-54를 보라.

복음은 하나님이 값없이 주신 선물을 우리 앞에 가져다주고, 그 선물이 우리 삶의 모든 측면의 기초가 되도록 도전한다. 그래서 칭의가 우리 사고방식과 행동방식에 끼친 결과가 무엇인지를 탐구하는 것은 신학자의 의무다. 칭의는 변화를 가져오고, 그 변화의 일부는 실존의 모든 면을 다시 숙고하는 것이기 때문이다.

예수 그리스도 안에 나타난 하나님의 구원 사역이 복음 선포의 중심이라는 사실을 인식하면, 특정 교리들이 우선적으로 중요하다는 점을 인정하지 않을 수 없다. 가장 좋은 한 가지 예가 예정 교리다. 상황을 바로잡기 위해 예수 그리스도의 죽음과 부활이라는 큰 일을 행하셨다는 신약의 선포에는 예정 교리가 깔려 있다. 예정 교리는 그 큰 일의 하부 구조로 여겨진다.

그러나 신약이 예정 교리와 그리스도의 구원에 두는 상대적 우선순위는 쉽게 왜곡된다. 이 문제와 관련하여 칼빈과 후기 개혁 신학자인 테오도르 베자의 견해 차이를 살펴보자.[9]

칼빈에게 예정 교리는 구원 교리의 한 측면이다. 칼빈은 『기독교강요』에서 예정 교리를 특별히 중요한 위치에 두지 않는다. 예수 그리스도의 죽음과 부활을 통해 이루어진 구원에서 한 측면이기는 하지만 가장 중요한 측면은 아니다. 칼빈은 이 교리를 안전 점검 정도로 여겨, 하나님의 신비로운 선택을 강조하면서 그분을 선택하는 것은

---

[9] 부차적인 문제에 관한 더 광범위한 토론으로는 Alister E. McGrath, "Reformation to Enlightenment," in P. D. L. Avis, ed., *The History of Christian Theology I: The Science of Theology* (Grand Rapids: Eerdmans, 1986), 105-229, 154-60를 보라.

"우리"라는 주장의 허를 찔렀다.

예정 교리는 구원이 하나님의 능하신 손에 달려 있음을 강조한다. 이 점에서 칼빈의 신학적 방법론은 **귀납적**이며 **분석적**이다. 그는 구원 교리의 핵심, 즉 예수 그리스도께서 죽음과 부활로 구원하시는 구체적이고 유일한 사건에서 출발한다. 그 다음에는 그것이 갖는 의미들을 펼쳐 보인다. 사건이 먼저 고찰되고, 그 다음 신학적 틀이 세워진다. 그리고 그 틀 안에 사건이 놓인다.

그리스도의 구원하는 죽음과 부활이라는 구체적이고 유일한 사건이 함축하는 의미 가운데 하나가 예정과 선택의 신비다. 그러나 이 점과 관련하여 칼빈의 사고 중심에 놓여 있는 것은 예수 그리스도께서 구원하시는 사건이다. 결코 예정 교리가 아니다!

테오도르 베자는 다르게 접근한다. 그의 논리를 살펴보면 왜 칼빈의 사고가 중요한지 알게 될 것이다.

베자에게 기독교 신학은 예수 그리스도의 죽음과 부활이라는 구원 사건이 아니라 그 사건이 놓일 신학적 틀에서 출발한다. 그래서 베자는 예수 그리스도 안에서 선택받은 자들을 예정하여 구속하시기로 한 하나님의 작정에서 출발한다. 그런 다음, 그리스도 안에서 선택받은 자들이 구속받는 사실을 연역해낸다.

칼빈의 방법과 달리 베자는 **연역적**이고 **종합적**인 접근 방법을 택하고 있다. 베자는 예정에 우선순위를 둔다. 베자의 틀이 논리적으로 일관성을 지니려면, 한 사건에 대한 신약의 강조점을 전혀 다른 개념적 틀(신약과 관계 없는 틀)로 대신해야 한다.

게다가 자신이 내세운 신학적 틀을 논리적으로 일관되게 하기 위해서 베자는 신학이 아닌 논리학에 의해 좌우되는 결론을 내리고 만다. 예를 들면, 예수 그리스도께서 오직 택하신 자를 위해 죽으셨다는 견해가 신약 그 자체에서 발견되지 않는다는 주장과 같은 것이다.

이런 식으로 이신칭의 교리를 우선시할 때, 우리는 우리에게 매우 의미 깊고 중요한 역사적인 사건과 예수 그리스도에 대해 신약이 보이는 특징적인 강조점을 유지할 수 있다. 베자와 같은 신학자들이 펼치는 논리는 우리를 이런 구체적인 사건과 아주 멀리 떼어놓을 뿐 아니라, 모호하고 추상적이며 소모적인 삼위일체론 논쟁에 휘말려 들게 한다. 이신칭의 교리의 우선성을 인식할 때 신약의 그리스도 중심성은 기독교 설교와 신학에서 굳게 보존된다.

2. 신학자들 역시 하나님이 예수 그리스도 안에서 우리를 의롭다 하셨다는 사실의 전제와 결과를 깊이 생각해야 한다. 하나님이 이렇게 행하셨다는 주장은 마치 복잡한 구조로 지탱되고 있는 거미집의 중심과 같다.

베티 맥도널드는 만병초를 뿌리째 캐내서 자신이 운영하는 양계농장에 옮겨 심으려고 했다(『달걀과 나』[The Egg and I]를 읽은 독자라면 이 대목을 기억할 것이다). 그런데 막상 땅을 파보니 얽히고설킨 잔뿌리가 엄청나게 뻗어 있지 않은가! 땅 위에서는 보이지 않았는데, 땅 깊숙이 뿌리를 박고 있었던 것이다.

기독교 선포의 뿌리는 신학이라는 옥토에 깊고 넓게 자리 잡고 있다. 우리가 마주보아야 할 기독교 선포(예수 그리스도의 죽음과 부활을 통해 값없이 의롭다 하심)는 탄탄한 하부구조, 즉 눈앞에 직접 펼쳐지지는 않더라도 현실적이고 살아 있는 하부구조에 의해 떠받쳐지고 있다. 예수 그리스도의 죽음과 부활을 통해 죄 된 인간을 의롭다 하신다는 선포는 특정한 사실을 전제로 하며, 또한 특정한 사실을 필연적인 결과로 얻는다.

앞서 주장했지만, 진정한 그리스도인으로서 이것을 진지하게 고찰하고 그 내용을 인식하는 일이 반드시 필요하다. 이것은 신학의 두 영역과 연관 지어 설명해 볼 수 있다. 하나는 인간론(인간 본질에 대한 기독교적 이해)이고, 다른 하나는 기독론(예수 그리스도의 정체성과 중요성)이다.

바울에게 "십자가의 도"(고전 1:18)는 유대인과 이방인에게 보내심 받은 그의 사명의 바탕이었다. 조상이 누구든 얼마나 유력한 사람이든 간에 모든 사람은 예수 그리스도의 죽음과 부활을 통하여 하나님과 화목하게 될 수 있다. 굉장히 긍정적인 이 선언이 사실은 부정적인 전제를 가지고 있다는 사실은 분명하다. 즉 조상이 누구든 얼마나 유력한 사람이든 간에 하나님과 **화목하게 되어야 하는 존재**라는 전제 말이다.

여기서 보듯이 칭의의 부정적인 전제는 바로 죄다. 그리스도를 통하여 하나님과 교제를 회복한다는 선포를 묵상할 때, 우리는 하나님에게서 소외되었기 때문에 화목하게 되어야 한다는 이 선포의 전제를 깊이 생각하지 않을 수 없다. 인간 본질에 대한 신학적인 이해는 우리가 하나님의 칭의 대상임을 인식하는 데서 출발한다.

이것을 좀 더 살펴보자. 창세기 1장 26절에 따르면 우리는 하나님의 형상으로 지음받았다. 어떤 신학자들은 이 구절이 인간 본질에 대한 신학적 이해로 충분하다고 주장한다. 그러나 앞서 보았듯이, 인간 본질에 대한 기독교 특유의 통찰은 창조주가 아니라 구속주 하나님에 대한 지식에 뿌리내리고 있다. 하나님이 인간을 지으셨다는 이해는 중요하지만, 그것이 인간 본질에 대해 마땅히 진술되어야 할 모든 면은 아니다! 이신칭의는 인간을 "구속을 갈망하는 하나님의 피조물"로 인식하라고 강력하게 요청한다. 인간에게 하나님의 형상이 들어 있는 것은 사실이지만, 뒤틀리고 희미하기 때문에 새로워짐과 중생이 필요한 것이다.

칭의 교리는 인간이 하나님의 형상으로 창조되었을 뿐 아니라 그리스도를 통한 구속으로 그 신적 형상이 새로워져야 할 필요성과 가능성을 이야기한다. 이 교리는 우리가 본성과 은혜 사이에 있는 변증법적 긴장을 인식하게 만든다. 이 긴장은 개인과 인간 문화 양쪽 모두에서 그 모습을 드러낸다. "인간은 하나님의 피조물이기 때문에 인간이 건설한 문화의 어떤 면은 아름답고 훌륭하다. 그러나 인간은 타락해서 구석구석 죄로 얼룩졌기 때문에 문화의 어떤 면은 악할 수 있다."[10]

따라서 칭의 교리의 전제 가운데 하나가 원죄 교리라는 것이 분명해진다. "원죄"라는 용어는 우리가 논의하는 문제에 그다지 도움을 주지 못한다. 인간이 하나님에게서 소외되었다는 것이 그 기본 사상

---

10   로잔언약 제10조.

이다. 우리는 하나님의 피조물로 이 세상에 태어났고, 그분의 자녀가 될 수 있는 가능성과 마주한다.

"원죄"는 자연스러운 인간 상태, 즉 우리가 세상에 태어나는 현주소를 뜻한다고 규정할 수 있을 것이다. 이 말은 도덕적인 개념어가 아니라, 하나님과 깊은 관계(자녀)를 맺지 못하고 단순히 명목상의 관계(피조물)를 맺는 데 그친 상태를 가리킨다. 그러나 칭의 교리는 깊은 관계를 맺을 가능성이 있다고 선포한다. 인간은 "하나님의 형상"으로 창조되었다. 이 말은 인간에게 바로 그런 관계를 맺을 수 있는 가능성이 내재되어 있다는 뜻이다. 하나님과 우리가 깊은 관계를 맺도록 가교 역할을 하는 접점으로서 어떤 "모양"이 있는 것이다.

에밀 브루너와 같은 현대 신학자는 이것을 "대화 가능성"(Ansprechbarkeit)이라는 말로 분석하였다. 그에 따르면 인간은 하나님이 건네시는 말을 듣고 그 은혜로운 말씀에 반응할 수 있다. 비록 우리가 하나님을 등진 세상에 태어났지만, 하나님과 화목할 수 있는 길은 열려 있다. 이것은 프랑스 철학자 블레이즈 파스칼이 간파한 것과 같다. "인간 안에는 하나님이 빚어놓으신 틈새가 있다." 인간 본질은 하나님이 이 틈새를 메워주실 때까지는 메워지지 않은 채 그대로 있다. 칭의 교리는 자연스러운 인간 상태에서 발견되는 이 결핍을 폭로하고, 동시에 이 상황을 원천적으로 고칠 수 있다고 선포한다.

이신칭의 교리는 인간의 **정체성**과 **본질**에 관한 중요한 개념군을 한데 모은 것이다. 이 교리는 우리가 우리를 손수 지으셨을 뿐더러 예수 그리스도를 통하여 쉬지 않고 말씀하시는 하나님의 형상으로 창조되었기 때문에 다른 어떤 피조물보다 월등하고 탁월하다고 말한다. 하나님 말씀은 하나님이 우리를 찾으시기 위해 친히 먼 나라로 여행을 하셔야 했다고 가르쳐준다. 우리가 될 수 있거나 마땅히 되어야 하는 존재가 되기는커녕 잃어버린 자들이 되었기 때문이다.

우리의 진정한 운명과 완성은 그분과 다시 교제하는 자리에 설 수 있는지에 달려 있다. 칭의는 우리가 지금 어떤 상태인지, 무엇으로 부름받았는지, 그리고 지금 상태에서 부름받은 상태로 넘어가는 것이 어떤 결과를 가져올지를 밝혀준다.

앞서 살펴보았지만, 이것은 탕자의 비유에 잘 나타나 있다(눅 15:11-32). 이 비유를 살펴보면, 아들이 행한 어떤 일도 그가 아버지의 아들이라는 것을 취소시키지는 못했다. 그러나 집을 떠나 먼 나라로 갔다는 사실은 이 관계가 아무 소용이 없다는 것을 보여준다. 탕자는 아버지의 아들이 아닌 것처럼 행동했다. 물론 상황은 변했다. 아들은 아버지와 화해하고 아버지와 맺은 관계에 따르는 책임을 다하기 위해 집으로 돌아온다.

먼 곳에 떠나 있는 동안에도 탕자는 **명목상** 아버지의 아들이었다. 그러나 집으로 돌아와 아버지와 화해하자, 명목상 관계는 사라지고 실제적인 관계로 전환된다. 하나님과도 마찬가지다. 우리는 하나님과 **명목상** 관계를 가지고 이 땅에 태어난다. 그러나 실제적이고 **진정한** 관계로 전환될 수 있는 가능성이 복음 안에서 선포된다.

그렇다고 해서 원죄 교리가 예수 그리스도를 통한 구속 교리만큼 중요하다는 뜻은 아니다! 우리는 그리스도 안에 있는 구속을 소극적인 것이 아니라 적극적이고 손에 땀을 쥐게 하는 것으로 선포한다. 예정 교리와 마찬가지로 원죄 교리도 예수 그리스도의 죽음과 부활이라는 사건이 놓여 있는 신학적 틀의 하나다. 그것은 예수 그리스도 안에서 이루어지는 인간 구속에 대한 선포에서 하부구조를 이룬다.

이 구속의 실제성과 가능성을 선포할 때, 우리는 연관이 있지만 덜 중요한 개념들을 함께 선포하게 된다. 원죄와 예정이 바로 그것이다. 구속 선포는 정말 좋은 소식이다. 그러나 구속을 깊이 묵상하다 보면, 부정적인 전제가 뒤따른다는 것을 금방 알아차릴 수 있다. 즉 우리에게 구속이 절실히 필요하다는 것이다. 원죄 교리는 바로 구속에 필요한 전제를 제시하고 있다.

이 문제를 좀 더 살펴보자. 앞서 살펴보았지만 간단히 말해서 이신칭의 교리는 하나님이 우리에게 예수 그리스도의 죽음과 부활을 통해 구속을 선물로 값없이 주셨다는 사실을 언급한다. 이것은 우리가 자신을 구원할 수 없음을 분명하게 전제하고 있다. 우리가 지금까지 결코 획득할 수 없던 것을 하나님이 선물로 베푸셨다.

타락하고 반역하는 인간은 몹시 무기력하다. 그래서 마땅히 가지고 있어야 할 지식, 바로 그것을 위해 지어졌다고 해도 과언이 아닐 하나님을 아는 구원 지식에 혼자 힘으로는 도저히 도달할 수 없다. 어떻게 하나님과 우리가 화해하는가가 아니라, 하나님이 이루셨고 지금도 이루고 계시는 화해와, 그것으로 말미암는 전혀 새로운 관계를 어떻게 맺느냐가 문제의 핵심이다. 칭의 교리에서 가장 겸손한 측면이 있다면, 우리를 위해 이미 이루신 모든 것을 받아들이는 일 말고는 우리가 칭의에 기여할 바가 전혀 없다는 깨달음이다.

3. "다른 모든 교리를 판단하는 교리"(루터)인 이신칭의 교리는 기독교 신앙의 범위를 분명하게 그릴 수 있게 해준다. 우리는 칭의 교리가 어떻게 기독교 신앙의 핵심인, 예수 그리스도 안에서 이루어진 하나님의 구원 사역을 규정하게 하는지 살펴보았다. 그러나 한편으로 이신칭의 교리를 통해 그 신앙의 범위가 뚜렷해지기도 한다. 이런 작업이 어떻게 이루어지는가는 이단을 규정하는 문제나 이단과 단순한 불신을 구별하는 문제처럼 지극히 어려운 문제들과 관련하여 매우 흥미로운 주제다.

이단을 규정하는 것은 교회가 태동하던 시대부터 직면한 문제였다. 기독교의 차별성이 예수 그리스도를 통한 인간 구속에 있다면, 기독교의 하나님 이해, 예수 그리스도 이해, 인간 이해는 구속 이해와 일치해야 한다. 그래서 기독교의 하나님 이해는 하나님이 그리스도를 통하여 인간을 구속하시는 방식과 일치해야 하고, 기독교의 인간 이해는 구속이 가능하면서 실제적이라는 사실에서 벗어나서는 안 된다. 즉 기독교의 하나님 이해, 그리스도 이해, 인간 이해는 본질적으로 이신칭의 교리와 일치해야 한다. 이 점을 더 살펴보자.

우선, 하나님이 예수 그리스도를 통해 우리를 구속하신 원리를 거부하거나 부인하는 것은 기독교를 전면 부인하는 것과 다름없음을 기억하자. 다르게 말해서 하나님이 예수 그리스도를 통하여 우리를 구속하셨음을 부인하는 것은 기독교 신앙이 존립을 걸고 주장하는 근본 진리를 부인하는 것과 같다. 이것은 이단과 다르다. 불신이며, 기독교가 반드시 말해야 하는 내용을 딱 잘라 거부하는 행위다.

5세기 초엽 레랭의 빈켄티우스는 진정으로 기독교적인 것과 아닌 것을 구분하는 도식을 개발했다. 이른바 "빈켄티우스의 잣대"(Vincentian Canon)[11]라는 것이다. 그의 말을 빌리자면, 무엇이 진정하게 기독교적인가 아닌가를 가리기 앞서 세 가지 결정적인 질문을 던져야 한다.

첫째, 어디서나 믿는 내용인가? 교회의 상당수가 받아들이지 않는 교리는 진정한 교리로 간주할 수 없다.

둘째, 항상 믿는 내용인가? 어느 날 갑자기 등장한 것이라면 진정성을 의심해 보아야 할 이유가 충분하다.

셋째, 누구나 믿는 내용인가? 일반 성도 사이에서 충분한 지지를 받고 있는 교리인가? 소수의 교회에서만 믿는 교리라면 시간이 지나면서 그 진정성이 문제시된다.

칭의 교리에 녹아 있는 기본 원리는 확실히 이 세 가지 조건을 모두 충족시킨다. 하나님이 예수 그리스도를 통하여 인간을 구속하셨다는 믿음은 대대로 기독교 신앙에서 가장 중심이 되는 특징일 것이다. 그러므로 이것을 부인한다면 기독교 신앙의 울타리를 완전히 벗어나고 만다. 기독교적인 것과 아닌 것을 가르는 경계는 이 교리를

---

11 이 말은 흔히 "언제 어디서든 모든 사람에 의해 믿어지는 내용"(크보드 우비께, 크보드 셈페르, 크보드 압 옴니부스 크레디툼 에스트[quod ubique, quod semper, quod ab omnibus creditum est])이라고 회자(膾炙)된다.

받아들이느냐 아니냐에 달렸다. 그러나 정통이냐 이단이냐를 가르는 경계는 일단 받아들인 이 교리를 어떻게 이해하느냐에 달렸다.

이단은 이 기본 원리를 받아들이지만 내부적인 모순이 생길 수밖에 없는 방식으로 풀어낸다. 바꿔 말하면 원리를 수용하지만 부적절하게 이해한다는 뜻이다. 즉 (1)'그리스도께서 인간의 구속에 어떤 역할도 하지 못한다는 식으로 해석한다. (2)'칭의의 대상인 인간은 냉정하게 말해서 의롭다 하심을 받을 수 없다는 식으로 해석한다. 이 두 항목을 자세히 살펴보자.

**누가 구속자인가?** 이 질문에 대한 대답은 구속자의 직임이 지닌 유일성과, 하나님과 사람을 중재하는 그분의 능력을 설명할 수 있어야 한다. 따라서 그리스도가 우리와 하나님을 중재하기 위해서는 그분과 우리 사이에 필연적인 유사성이 있어야 한다. 그러나 동시에 원천적으로 다른 점도 있어야 한다. 모든 사람이 구속자인 것은 아니기 때문이다! 이 두 요점을 동시에 간파하지 못할 때, 이단이 생겨난다. 한편을 강하게 주장하면, 다른 한편을 놓쳐버리는 것이다.

예수 그리스도가 우리와 다르시다는 것을 말할 때, 우리와 본질적으로 같은 점은 주장하지 않고 무작정 차이만 강조하면, 우리를 하나님과 화목하게 하시는 그분의 능력은 사라지고, 구속해야 할 사람들과 마주칠 수 있는 접점도 잃어버리게 된다. 반대로 적어도 어느 한 측면에서라도 그분이 우리와 근원적으로 다르시다는 것을 인정하지 않은 채 우리와 유사한 점만 강조하면, 인간을 구속하기는커녕 그분 자신이 구속자를 간청해야 하는 상황이 되고 만다. 구속자를 범사에 우리와 전혀 다르지 않은 분으로 간주하면, 그분 역시 우리와 마찬가지로 구속자를 간청해야 한다. 따라서 더하고 덜한 정도 차이만 있을 뿐 우리 모두가 구속자든지, 구속자가 구속을 할 수 없든지 둘 중 하나일 것이다.

이 문제에 접근하는 두 가지 방법에 주목하라. 교부 시대에는 두 가지 근본적인 전제가 그리스도 안에서 이루어진 인간 구속에 관한 생각을 좌우했다. 하나는 오직 하나님만 구원하실 수 있다는 것이다. 어떤 의미에서 예수님이 하나님이 아니시라면, 구속은 불가능하다. 다른 하나는 "앓아 보지 않으면 고칠 수 없다"는 것이다.[12] 즉 인간 본질이 구속받기 위해서는 구속자(하나님)께서 구속해야 할 것(인간 본질)과 마주치기 위한 접점을 만드셔야 한다. 그래서 교부 시대에는 인간의 구속자이신 예수 그리스도가 하나님이면서 인간이라는 사실에 모두 의견이 같았던 것이다.

그런데 현대에 들어와 앞서 언급한 인격주의자들은 화해자(하나님)와, 그분과 화해되어야 할 사람들의 인격적인 만남을 강조해 왔다. 하나님이 역사 안에서 인격적인 방법으로 우리를 만나셔야 한다. 달리 말해서 우리를 인격으로 만나셔야 하는 것이다.

우리는 여기서 전통적인 "두 본성" 교리, 즉 하나님이 예수 그리스도를 통하여 우리가 서 있는 바로 그곳에서 만나신다는 통찰이 여전히 근간을 이루고 있음을 볼 수 있다. 예수 그리스도 안에서 우리를

---

12 Gregory of Nazianzen, Epistle 101. M. F. Wiles, "The Unassumed Is the Unhealed," *Religious Studies* 4(1968):47-56

만나는 분이 하나님이 아니시라면, 하나님과 화목하게 될 수 없다. 그리고 예수 그리스도가 우리와 같은 사람이 아니시라면, 우리를 만나시는 인격적인 접점은 사라져버리고 만다.

이신칭의 교리는 구속이 필요하다는 점을 제외하고는 예수 그리스도가 우리와 같은 성정을 지니셔야 한다고 분명히 규정한다. 무엇보다 기독교는 예수께서 인간이 처한 궁지를 해결할 분이라고 주장해왔다. 그분은 결코 이러한 궁지에 빠질 분이 아니다! 전통적인 기독교는 예수 그리스도가 하나님이며 동시에 사람이시라고 주장하며 이 결정적인 이해를 늘 유지했다. 예수님이 단지 하나님이라거나, 단지 사람이라고 주장하기는 훨씬 쉽다. 그러나 칭의의 가능성과 실제성을 믿는다면, 하나님이며 동시에 사람이시라고 주장할 수밖에 없다.

앞선 논의를 볼 때, 그리스도를 통한 구속의 원리를 주장하더라도 구속이 불가능하도록 그리스도를 해석한다면, 두 종류의 이단이 일어날 수 있다. 하나는 예수 그리스도가 구속해야 할 사람들과 마주칠 접점을 갖지 못한다고 하는 이단으로, 일반적으로 가현설(Docetism, 도케티즘)[13]이라고 부른다. 다른 하나는 그분이 구속할 사람들과 근본적으로 다르지 않다고 하는, 그래서 그저 특별히 고상하고 고양된 인물로 간주하는 이단으로, 널리 에비온파(Ebionitism)라고 불린다.[14]

---

13  "나타나다"라는 의미를 지닌 헬라어에서 가져온 말로, 가현설은 그리스도의 인간성과 고난이 실제가 아닌 가상이라고 말한다. 즉 예수 그리스도가 인간 존재를 가장한 하나님이었다는 것이다. 가현설에 따르면, 예수 그리스도는 처음부터 사람이 되는 것이 무엇인지 알지 못하셨다.
14  1, 2세기경 작은 유대-그리스도인 종파에서 연유된 이름들이다. 이들은 예수 그리스도가 인간 요셉과 마리아의 아들이지만 하나님의 특별한 호의를 입어 태어났다고 주장했다. 그분은 별다른 의미 없이 하나님이라는 호칭을 받았다고 한다.

**누가 구속의 대상인가?** 이 질문에 대한 대답은 왜 구속이 인간 외부에서 와야 하는지를 설명할 수 있어야 한다. 바꾸어 말해서 왜 우리는 자신을 구원할 수 없는지를 설명해야 한다. 칭의 교리는 우리가 구속을 **성취**할 수 없고, 누군가가 우리를 위해 구속을 이루어주었다면 우리는 오로지 **받아들이는** 쪽에 서게 된다고 주장한다. 구속 대상인 우리는 구속을 갈망할 뿐 아니라 그것이 제시될 때 받아들일 수 있어야 한다. 이 질문이 지닌 두 가지 측면은 함께 유지되어야 한다. 마치 그리스도의 신성과 인성처럼 말이다. 구속의 필요를 인정하면서도 우리 힘으로는 구속될 수 없다는 점을 부인한다면, 우리가 우리 구속의 실행자가 될 수 있다는 묘한 결론이 뒤따르게 된다. 이 말은 개인이 자신을 구속할 수 있다는 뜻만은 아니다. 갑이라는 사람이 을을 구속하고, 을이 갑을 구속할 수도 있다는 것이다.

그렇다면 모두는 아닐지라도, 그리고 정도의 차이는 있을지라도 화해는 적어도 어떤 사람들의 손에 달린 문제가 된다. 이런 개념은 예수 그리스도만을 통한 구속 원리에 정면으로 위배된다. 그리고 일단 구속이 주어졌지만 그것을 받아들일 힘조차 없다는 우리 현실이 부인된다면, 구속은 또 한 번 불가능해진다. 대체로 이 두 견해는 2장에서 논의한 펠라기우스와 마니교 이단이 주장하는 내용이다.

지금까지 요약한 네 가지 견해는 틀렸을 뿐 아니라 부적절한 것이므로 받아들여서는 안 된다. 이들 역시 오직 예수 그리스도를 통하여 구속받는다는 이신칭의 교리의 원리를 포함하지만, 이신칭의에 동원되는 술어들을 모순이 일어나게끔 해석하고 있다.

이신칭의 교리가 기독교 신앙의 중심과 범위를 결정한다는 말은 바로 이런 의미에서다. 이 교리는 기독교 신앙을 예수 그리스도 안에서 하나님이 행하신 은혜로운 구속 사역으로 규정한다. 한편 기독교 신앙의 범위는 그 구속 사역을 해석하는 방법을 규제하는 것을 통해 정해진다. 이 요점을 일목요연하게 정리하기 위해 도형으로 표현해 보았다.

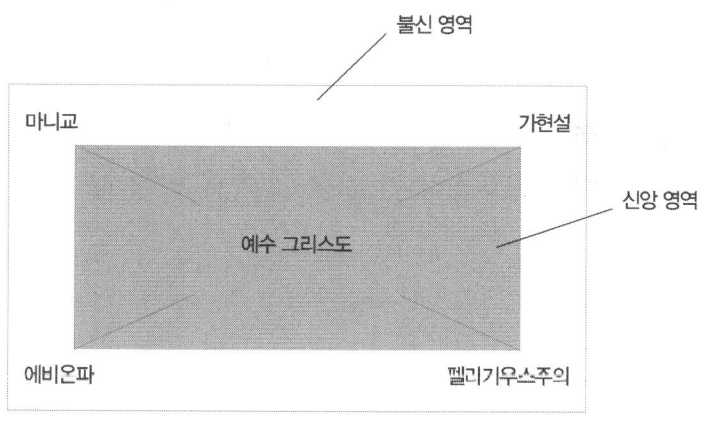

인간과 그리스도에 대한 진정한 기독교적 가르침은 두 대각선이 중심에서 만나는 사각형에 비유될 수 있다. 중심은 예수 그리스도 안에서 이루어진 하나님의 구원 사역이다. 기독교 신앙의 범위는 사각형의 네 귀퉁이에 의해 규정된다. 한 대각선 끝에는 가현설과 에비온파라는 이단이 자리 잡고 있고, 다른 대각선 끝에는 펠라기우스주의와 마니교라는 이단이 자리 잡고 있다. 이 사각형 안에 있는 영역이 진정한 기독교의 영역, 즉 그리스도를 통한 구속이 필요하고 또한 가능하다고 진술되는 영역이다.

앞서 언급한 네 이단은 기독교 신앙의 천적으로 간주된다. 이들은 각각 이신칭의 교리를 부적절하게 해석하여 문제를 일으킨다. 이 이단들이 초대 교회의 최대 적이었다는 것 역시 가볍게 지나칠 일이 아니다. 이름은 다르지만 오늘날에도 이 이단들이 창궐하고 있다는 것 역시 가볍게 볼 일은 아니다. 이신칭의 교리는 이러한 이단 사설이 어떻게 생겨났는지 보여줄 뿐 아니라, 기독교 신앙의 중심과 범위를 규정하여 이것들에 대처하는 중요한 수단이 된다.

앞선 논의를 염두에 두고 볼 때, 이신칭의 교리가 기독교 선포와 신학을 연결시켜주고 연속성을 부여하는 중요한 방편을 제공한다는 사실은 분명하다. 이 교리는 신학적 성찰이 예수 그리스도를 통하여 인간을 마주하시는 하나님의 구원하시고 재창조하시는 만남과 별개일 수 없고 늘 거기에 붙어 있어야 함을 점검하고 균형을 이루게 해주는 소중한 도구다. 신학은 그리스도인의 구속 경험과, 구주이자 주님인 그리스도를 예배하는 경험에 언제나 뿌리박고 있어야 한다.

## 추천 도서

G. C. Berkouwer. *Faith and Justification*. Grand Rapids: Eerdmans, 1954.
Gerhard O. Forde. *Justification by Faith-A Matter of Death and Life*. Philadelphia: Fortress, 1982.
_____. "Christian Life." In Carl E. Braaten and Robert W. Jenson, eds., *Christian Dogmatics*. 2 vols. Philadelphia: Fortress, 1982. 2:395-469.
Hans Küng. *Justification: The Doctrine of Karl Barth and a Catholic Reflection*. 2nd ed. Philadelphia: Westminster, 1981.
Alister E. McGrath. "The Article by Which the Church stands or falls." *Evangelical Quarterly* 58/3(1986):207-28.
Peter Toon. *Justification and Sanctification*. Westchester, Ill.: Crossway, 1983.

# 참 고 문 헌

이 책에서 인용한 역사적·신학적 주제들을 좀 더 자세하게 살피는 데 도움이 될 도서와 논문을 열거하였다. 자세한 목록은 아니나 이 책에 나온 일부 새로운 개념들을 좀 더 자세하게 살펴볼 수 있게 도와줄 것이다.

Achtemeier, E. R. "Righteousness in the Old Testament." In *Interpreter's Dictionary of the Bible*. Nashville: Abingdon, 1962, 4:80-85.
Atkinson, J. "Justification by Faith: A Truth for Our Times." In David Field, ed., *Here We Stand: Justification by Faith Today*. London: Hodder & Stoughton, 1986, 57-83.
Berkouwer, G. C. *Faith and Justification*. Grand Rapids: Eerdmans, 1954.
Bray, G. "Justification and the Eastern Orthodox Churches." In David Field, ed., *Here We Stand: Justification by Faith Today*. London: Hodder & Stoughton, 1986, 103-19.
Brown, C. 외. "Righteousness, Justification." In *New International Dictionary of New Testament Theology*. Grand Rapids: Zondervan, 1976, 3:352-76.
Forde, Gerhard O. *Justification by Faith-A Matter of Death and Life*. Philadelphia: Fortress, 1982.
_____. "Christian Life." In Carl E. Braaten and Robert W. Jenson, eds., *Christian Dogmatics*. 2 vols. Philadelphia: Fortress, 1982, 2:395-469.
Käsemann, E. "The 'Righteousness of God' in Paul." In *New Testament Question of Today*. Philadelphia: Fortress, 1969, 168-82.
_____. *Commentary on Romans*. Grand Rapids: Eerdmans, 1980.
Küng, H. *Justification: The Doctrine of Karl Barth and a Catholic Reflection*. 2nd ed. Philadelphia: Westminster, 1981.
Lampe, G. W. H., ed. *The Doctrine of Justification by Faith*. London: Mowbrays, 1954.
McGrath, A. E. "The Anti-Pelagian Structure of 'Nominalist' Doctrines of Justification." *Ephemerides Theologicae Lovanienses* 57(1981): 107-19.
_____. "'Augustinianism'? A Critical Assessment of the So-called 'Mediaeval Augustinian Tradition' on Justification." *Augustiniana* 31 (1981): 247-67.
_____. "Justification: Barth, Trent and Küng." *Scottish Journal of Theology* 34 (1981): 517-29.
_____. "Justice and Justification. Semantic and Juristic Aspects of the Christian Doctrine of Justification." *Scottish Journal of Theology* 35 (1982): 403-18.
_____. "Humanist Elements in the Early Reformed Doctrine of Justification." *Archiv für Reformationsgeschichte* 73 (1982): 5-20.
_____. "Forerunners of the Reformation? A Critical Examination of the Evidence for Precursors of the Reformation Doctrines of Justification." *Harvard Theological Review* 75 (1982): 219-42.
_____. "'The Righteousness of God' from Augustine to Luther." *Studia Theologica* 36 (1982): 63-78.

_____. "Mira et nova diffinitio iustitiae. Luther and Scholastic Doctrines of Justification." *Archiv für Reformationsgeschichte* 74 (1982): 37-60.

_____. "John Henry Newman's 'Lectures on Justification.' The High Church Interpretation of Luther." *The Churchman* 97 (1983): 112-22.

_____. "Karl Barth and the *articulus iustificationis*. The Significance of His Critique of Ernst Wolf within the Context of His Theological Method." *Theologische Zeitschrift* 39 (1983): 349-61.

_____. "Justification and Christology. The Axiomatic Correlation between the Proclaimed Christ and the Historical Jesus." *Modern Theology* 1 (1984-85): 45-54.

_____. "ARCIC II and Justification. Some Difficulties and Obscurities relating to Anglican and Roman Catholic Teaching on Justification." *Anvil* 1 (1984): 27-42.

_____. "The Emergence of the Anglican Tradition on Justification 1600-1700." *The Churchman* 98 (1984): 28-43.

_____. "Justification in Earlier Evangelicalism." *The Churchman* 97 (1983): 217-28.

_____. "The Influence of Aristotelian Physics upon St Thomas Aquinas' Discussion of the 'Processus Iustificationis.'" *Recherches de théologie ancienne et médiévale* 51 (1984): 223-39.

_____. *Luther's Theology of the Cross: Martin Luther's Theological Breakthrough*. New York: Basil Blackwell, 1985. 『루터의 십자가 신학』, 컨콜디아사.

_____. "The Moral Theory of the Atonement. An Historical and Theological Critique." *Scottish Journal of Theology* 38 (1985): 205-20.

_____. "The Article by which the Church Stands or Falls." *Evangelical Quarterly* 58 (1986): 207-28.

_____. "Christology and Soteriology. A Response to Wolfhart Pannenberg's Critique of the Soteriological Approach to Christology." *Theologische Zeitschrift* 42 (1986): 222-36.

_____. *Iustitia Dei: A History of the Christian Doctrine of Justification*. 2 vols. Cambridge: Cambridge University Press, 1986. 『하나님의 칭의론』, 기독교문서선교회.

Packer, J. I. "Justification in Protestant Theology." In David Field, ed., *Here We Stand: Justification by Faith Today*. London: Hodder & Stoughton, 1986. 84-102.

Przybylski, B. *Righteousness in Matthew and His World of Thought*. Cambridge: Cambridge University Press, 1980.

Reumann, J. *Righteousness in the New Testament*. Grand Rapids: Eerdmans, 1983.

Stendahl, K. "The Apostle Paul and the Introspective Conscience of the West." In *Paul among Jews and Gentiles*. Philadelphia: Fortress, 1976. 78-96.

Thielicke, H. *Theological Ethics*. 3 vols. Grand Rapids: Eerdmans, 1978.

Tiller, John. "Justification by Faith and the Sacraments." In Gavin Reid, ed., *The Great Acquittal: Justification by Faith and Current Christian Thought*. London: Fount, 1980. 38-61.

Toon, P. *Justification and Sanctification*. Westchester, Ill.: Crossway, 1983.

Wright, T. "Justification: The Biblical Basis and Its Relevance for Contemporary Evangelicalism." In Gavin Reid, ed., *The Great Acquittal: Justification by Faith and Current Christian Thought*. London: Fount, 1980. 12-37.

Yarnold, E. J. *The Second Gift: A Study of Grace*. London: St Paul Publications, 1974.

Ziesler, J. A. *The Meaning of Righteousness in Paul*. Cambridge: Cambridge University Press, 1972.

# 색 인

**(ㄱ)**
경험과 교리(Experience in relation to doctrine) 14-16, 183-186
경험과 관련된 교리(Doctrine in relation to experience) 14-16, 183-185
공적(Merit) 97-99
기독론적 측면에서의 칭의 교리 226-229

**(ㄷ)**
대화적 인격주의(Dialogical personalism) 136, 142
데카르트주의(Cartesianism) 13
도덕재무장운동(Moral Rearmament) 170

**(ㄹ)**
레랭의 빈켄티우스(Vincent of Lérins) 226
로버트 브라우닝(Browning, Robert) 174
C. S. 루이스(Lewis, C. S.) 9, 157
리베룸 아르비트리움(Liberum arbitrium) 46-52, 90
리처드 바그너(Wagner, Richard) 27, 155

**(ㅁ)**
마니교(Manichaeism) 45, 46, 230
마르틴 루터(Luther, Martin) 23, 65, 168, 210, 212
마르틴 부버(Buber, Martin) 136, 186
마르틴 부처(Bucer, Martin) 79
마르틴 하이데거(Heidegger, Martin) 109
면죄부 논쟁(Indulgence controversy) 64-65
밀라노의 주교 암브로시우스(Ambrose of Milan) 42

**(ㅂ)**
바울(Paul) 16, 18, 27, 32, 33-38, 44, 46, 47, 50, 60, 116, 125, 135, 166, 172, 187, 188, 194, 202, 207, 220
베티 맥도널드(McDonald, Betty) 219
보편 구원론(Universalism) 145-149
본래적 실존(Authentic existence) 112-128
비본래적 실존(Inauthentic existence) 112-128
비아 모데르나(Via moderna) 66, 67, 68, 75

**(ㅅ)**
속죄, ~교리(Atonement, doctrine of the) 206-209
   칭의 교리와 관련하여 207-211
솔라 피데(Sola fide) 75, 93
슈말칼덴 조항(Schmalkald Articles) 75

슐라이어마허(Schleiermacher, F. D. E.) 65
시물 이우스투스 에트 페카톨(Simul iustus et peccator) 72
신성화(Deification) 88
신지식(Knowledge of God)
  신지식과 관련된 주관성 110-111, 132
  신지식에 대한 무관심의 불가능성 132, 213-216
실존적 측면에서의 칭의 교리 106-133

(ㅇ)
아르티쿨루스 스탄티스 에 카덴티스 에클레시애(Articulus stantis et cadentis ecclesiae) 196, 202-203
아리우스주의(Arianism) 184, 214
아서 헤일리(Hailey, Arthur) 22
아우텍수시아(Autexousia) 46
알베르 카뮈(Camus, Albert) 129
알브레히트 리츨(Ritschl, Albrecht) 65
에밀 브루너(Brunner, Emil) 139, 222
에비온파(Ebionitism) 229, 231
에클라눔의 율리아누스(Julian of Eclanum) 191
예정, 칭의 교리와 ~(Predestination in relation to doctrine of justification) 217-219, 223-224
엘리엇(Eliot, T. S.) 15
요한 테첼(Tetzel, Johann) 64
울리히 츠빙글리(Zwingli, Huldrych) 79, 80, 83
원죄(Original sin) 101, 121, 149, 153, 175, 178, 221, 222, 223, 224
윌리엄 로메인(Romaine, William) 171, 172
윌리엄 틴데일(Tyndale, William) 94, 207
윌리엄 헨리(Henley, William Ernest) 51
이단, ~규정의 문제(Heresy, problem of definition of) 225-232
이신칭의(Justification by faith)
  개신교와 가톨릭의 차이 88-102
  교리의 비적절성에 대한 주장 8-10
  교리적 중요성 198-232
  구약에서의 ~ 27-31, 34-35
  기독론적 측면 226-229
  문화적 주제와의 관련성 16-17, 130
  믿음, ~의 본질 34-36, 37-39, 71-73, 93-94
  법정적인 칭의 77, 90-93
  상황화(contextualization) 11-12, 16, 106-107, 155-161
  신약에서의 ~ 31-34, 36-37
  실존적인 측면 106-133
  야고보와 바울 사이의 ~에 대한 주장 37-39
  오늘날의 ~해석 10-13
  윤리적인 측면 39, 162-181, 200
  인격주의의 측면 134-161
  인류학적 측면 219-225, 230-232
  적절성 195-197
  전문 용어의 성격 18-20
  ~와 보정 135
  ~와 설교 195-197, 214-216

~와 성화 78-83, 85, 90-91, 203-204
~와 속죄 교리 206-209
~와 신지식 110-111, 132, 213-214
~의 역설 46-47, 186-190
~와 예정 216-218, 223-224
~와 인간의 본성 219-226, 230-232
~와 죄 101, 120-125, 219-226
윤리적 측면에서의 칭의 교리 162-181, 200
은혜, ~개념(Grace, concept of) 56-58, 101-102
의롭게 하는 의, ~의 본질(Justifying righteousness, nature of) 77-78, 84, 94-97
이우스티티아 데이(Iustitia Dei), 하나님의 의를 보라.
인격주의(Personalism), 대화적 인격주의를 보라.
인류학적 측면에서의 칭의 교리 219- 225, 230-232

**(ㅈ)**

자유 의지(Free will), 리베룸 아르비트리움을 보라.
죽음과 이신칭의(Death and justification by faith) 112-118
존 뉴먼(Newman, John Henry) 204
존 마스터(Masters, John) 158
존 웨슬리(Wesley, John) 74, 90
존 칼빈(Calvin, John) 78, 80, 213-214
  예정에 대하여 217
  칭의의 근거에 대하여 80-84
  칭의의 본질에 대하여 77-83, 203
  "하나님의 의"에 대하여 84
지그문트 프로이트(Freud, Sigmund) 65

**(ㅊ)**

찰스 웨슬리(Wesley, Charles) 55, 77
칭의, ~개념(Justification, concept of) 101-102
  구약에서의 ~ 29-31
  신약에서의 ~ 31-34
  아우구스티누스의 ~ 77-78, 203
  칼빈의 ~ 77-84, 203
  트렌트 공의회의 ~ 90-93
  ~와 성화 77-84, 85, 90-91
  ~와 종교 개혁 84-85, 90-91
  ~와 칭의 교리 205-206

**(ㅋ)**

칼 바르트(Barth, Karl) 66, 215
캔터베리의 안셀무스(Anselm of Canterbury) 11, 216
키르케고르(Kierkegaard, Søren) 111

**(ㅌ)**

테르툴리아누스(Tertullian) 46, 98, 99
테오도르 베자(Beza, Theodore) 217, 218
토마스 칼라일(Carlyle, Thomas) 184
토플레디(Toplady, A. M.) 54, 191

**(ㅍ)**

펠라기우스(Pelagius) 44, 48, 50, 51, 52, 55, 56, 57, 58, 59, 60, 61, 65, 68, 75, 98, 187, 230
펠라기우스주의(Pelagianism) 45, 55, 76, 100, 116, 146, 191, 231
폴 틸리히(Tillich, Paul) 8, 164
프랑크 부크먼(Buchman, Frank) 169, 170
플라톤 철학(Platonism) 13
피터 버거(Berger, Peter) 180
필리프 멜란히톤(Melanchton, Philip) 76, 77, 78, 83, 84, 198

**(ㅎ)**

하나님의 의(Righteousness of God) 29, 68-77, 134-135
하우스만(Housmann, A. E.) 177
하이델베르크 소요리문답(Heidelberg Catechism) 95
확신, ~교리(Assurance, doctrine of) 73-76
히포의 아우구스티누스(Augustine of Hippo) 11, 12, 42-62, 90, 191
  리베룸 아르비트리움에 관해 46-52
  원죄에 관해 53-56
  칭의의 근거에 관해 53-61, 83-84
  칭의의 본질에 관해 78, 203
  "하나님의 의"에 관해 77-78, 84-85

## 사명선언문

너희가 흠이 없고 순전하여……세상에서 그들 가운데 빛들로
나타내며 생명의 말씀을 밝혀 _ 빌 2:15-16

### 1. 생명을 담겠습니다
만드는 책에 주님 주신 생명을 담겠습니다.
그 책으로 복음을 선포하겠습니다.

### 2. 말씀을 밝히겠습니다
생명의 근본은 말씀입니다.
말씀을 밝혀 성도와 교회의 성장을 돕겠습니다.

### 3. 빛이 되겠습니다
시대와 영혼의 어두움을 밝혀 주님 앞으로 이끄는
빛이 되는 책을 만들겠습니다.

### 4. 순전히 행하겠습니다
책을 만들고 전하는 일과 경영하는 일에 부끄러움이 없는
정직함으로 행하겠습니다.

### 5. 끝까지 전파하겠습니다
모든 사람에게, 땅 끝까지, 주님 오시는 그날까지
복음을 전하는 사명을 다하겠습니다.


## 서점 안내

**광화문점**  서울시 종로구 새문안로 69 구세군회관 1층
02)737-2288 / 02)737-4623(F)

**강남점**  서울시 서초구 신반포로 177 반포쇼핑타운 3동 2층
02)595-1211 / 02)595-3549(F)

**구로점**  서울시 동작구 시흥대로 602, 3층 302호
02)858-8744 / 02)838-0653(F)

**노원점**  서울시 노원구 동일로 1366 삼봉빌딩 지하 1층
02)938-7979 / 02)3391-6169(F)

**일산점**  경기도 고양시 일산서구 중앙로 1391 레이크타운 지하 1층
031)916-8787 / 031)916-8788(F)

**의정부점**  경기도 의정부시 청사로47번길 12 성산타워 3층
031)845-0600 / 031)852-6930(F)

**인터넷서점**  www.lifebook.co.kr